TOTAL ÜBERFORDERT
TOTAL KAPUTT
TOTAL WICHTIG

W0048779

LENNART-ELIAS SEIMETZ

TOTAL ÜBERFORDERT
TOTAL KAPUTT
TOTAL WICHTIG

WIE SCHULE
SEIN SOLLTE UND
WAS IHR DAFÜR
TUN MÜSST

Bibliografische Information der Deutschen Nationalbibliothek

Die Deutsche Nationalbibliothek verzeichnet
diese Publikation in der Deutschen Nationalbibliografie;
detaillierte bibliografische Daten sind im Internet
über http://dnb.dnb.de abrufbar.

ISBN 978-3-8012-0668-0
Auch als E-Book erhältlich: ISBN 978-3-8012-7052-0

Copyright © 2023 by
Verlag J.H.W. Dietz Nachf. GmbH
Dreizehnmorgenweg 24, 53175 Bonn

Umschlag: Petra Bähner, Köln
Umschlagbild/Foto: Lennart-Elias Seimetz
Satz: Jens Marquardt, Bonn
Druck und Verarbeitung: Plump Druck & Medien, Rheinbreitbach

Alle Rechte vorbehalten
Printed in Germany 2023

Besuchen Sie uns im Internet: www.dietz-verlag.de

INHALT

Vorwort --- 7

Das System Schule – eine kurze Bestandsaufnahme
zu Beginn -- 13

Ziel von Schule --- 18

Schule im Wandel der Zeit --------------------------------- 21

Lebensort Schule --- 27

Bildungsgerechtigkeit ------------------------------------- 29

Inklusion--- 34

Lehrkräftemangel --- 45

Mehr Praxisnähe bitte! ------------------------------------ 56

Mehr Wahlmöglichkeiten ---------------------------------- 62

Digitalisierung --- 65

Leistung und Notengebung in der Schule -------------------- 76

Demokratie und Schule I:
Der Politikunterricht -------------------------------------- 82

Demokratie und Schule II:
Schülervertretung und Mitbestimmung --------------------- 90

Hate Speech ---106

Bildung im föderalen System-------------------------------113

Gesunde Schule ---118

Schulaufsicht-- 126

Psychische Gesundheit --------------------------------------- 129

Diversität --- 133

Religionsunterricht -- 137

Gewalt und Extremismus ------------------------------------- 141

Schluss --- 149

Vorwort

Sie werden sich wahrscheinlich die Frage stellen: Warum sollte ich das Buch eines 19-jährigen Schülers kaufen? Die Antwort ist einfach: Müssen Sie nicht. Es freut mich jedoch umso mehr, dass Sie diese Zeilen jetzt lesen. Denn bei mir erfahren Sie aus erster Hand, wie Schüler*innen heute über Schule denken, was wir von Schule wollen, was Schule aus unserer Sicht kann und auch, was sie nicht kann. Die Stimme derer, die zur Schule gehen, ist in der ganzen Bildungsdiskussion praktisch ungehört. Finden Sie nicht, dass das ein Mangel ist?

Mein Name ist Lennart-Elias Seimetz. Abiturient aus dem wunderschönen und überschaubar großen Saarland. Seit über vier Jahren bin ich als Lobbyist für die »Überhörten« im Schulsystem unterwegs – die Schüler*innen. Drei Jahre davon als Landesschüler*innensprecher des Saarlandes, seit über vier Jahren auf Bundesebene und nun auch als Generalreferent der Bundesschülerkonferenz. All dies sind demokratisch legitimierte und auf Landesebene gesetzlich verankerte Gremien zur Vertretung der Rechte und Interessen von Schüler*innen. In den vergangenen Jahren habe ich mich mit dem durch die Schüler*innenschaft verliehenen Mandat für deren Rechte stark gemacht. Ich kenne den Apparat und die Menschen darin bestens, war bei zahlreichen Gesetzesänderungen aktiv dabei und versuchte, die Interessen der Schüler*innen nach bestem Wissen und Gewissen einzubringen. Dabei lernte ich aber auch die Abgründe, die geringe Wertschätzung und die riesigen Hürden kennen, die einem in der Schul- und Bildungspolitik oft entgegenschlagen – und die es zu überwinden gilt.

Lassen Sie es mich Ihnen bitte einen Aspekt meines Themas verdeutlichen, der mir sehr wichtig ist. Haben Sie Fragen zur Biologie, dann gehen Sie zu einem Biologen. Sind Sie krank, gehen Sie zu einer Ärztin. Haben Sie Fragen zum Thema Dinosaurier, dann gehen Sie zu einem Paläontologen. Doch wenn Menschen Fragen zur Schule haben, hören die meisten auf »Experten«, die seit 20, 30 oder 40 Jahren keine Schule mehr von innen gesehen haben. Kaum zu glauben, aber wahr! Warum diese dennoch in vielen Punkten mitreden können, weil sich vieles seit ihrer Schulzeit nicht geändert hat, ist ein Problem, auf das ich später noch eingehen werde. Was ich sagen möchte, ist, dass wir Schüler*innen die größte in der Schule vertretene Gruppe sind. Wir sind diejenigen, die am meisten von realitätsfernen Entscheidungen betroffen sind und trotzdem am wenigsten in diese Entscheidungsprozesse einbezogen werden.

Sicherlich gibt es auch positive Gegenbeispiele, doch im Durchschnitt ist dies die Realität, die gerade wir als Interessenvertreter*innen immer wieder erleben.

Einige der Themen, wie die demokratische Teilhabe von Schüler*innen oder das Thema Schulreform, begleiten mich seit Beginn meiner Zeit in diesen Funktionen. Andere, wie das Scheitern von Inklusion, musste ich zum Ende meiner Schulzeit leider am eigenen Leib erfahren. Vor allem eines hat mich nachhaltig geprägt und schockiert: der Hass, der jungen engagierten Menschen entgegengebracht wird, schon bei kleinsten »Fehlern«. Und zwar von denen, die uns zuhören sollten, den Erwachsenen. Es ist spannend zu sehen, wie manche sich Toleranz gegenüber eigenen Fehlern wünschen, aber gleichzeitig kleinste Verfehlungen nutzen, um Schüler*innenvertreter anzuprangern, wenn nicht sogar zu beleidigen. Dazu werden wir später noch einmal kommen, und ich habe dem, was ich bis hierhin erleben durfte und immer noch erlebe, ein eigenes kleines Kapitel gewidmet.

Ich freue mich über jeden und jede, der oder die nicht meiner Meinung ist und konstruktiv mit mir über die Themen debattieren möchte. Gerade der Bereich Bildung ist durch den Föderalismus so vielfältig, dass uns jeder Austausch weiterbringt. Das Ziel des Buches ist, aus der Sicht von Schüler*innen zu schildern: Was läuft falsch in der Schule? Wie kann sie besser werden? Aber auch, Räume zu schaffen, um über die Probleme im Bildungssystem aus Sicht von Schüler*innen mit der Öffentlichkeit und der Politik ins Gespräch zu kommen. Es geht um Zukunft, gelingende Berufskarrieren, um Gesellschaftsvorstellungen einer neuen Generation. Über Schule und ihre Defizite wird in der Öffentlichkeit meistens ohne die Schüler*innen gesprochen. Man spricht *über* uns, selten *mit* uns. Wir Schüler*innensprecher wollen der Debatte einen anderen Blickwinkel und den »Überhörten« eine lautere Stimme verleihen. Es ist nicht möglich, allgemeingültige Thesen aufzustellen, dazu ist der Bildungssektor zu divers. Aber gerade deshalb ist der Diskurs umso wichtiger.

Interessenvertretung ist jedoch nicht alles. Der schönste Teil meiner Arbeit als Schüler*innenvertreter sind für mich Seminare, Workshops und Vorträge für Schüler*innen und Fachkräfte über das Thema Demokratie in der Schule. Es ist toll, anderen etwas zu vermitteln, das direkte Auswirkungen auf ihr Leben haben kann und somit Erfolge greifbar werden lässt. Mich spornen das Interesse und die Freude von Schüler*innen an, wenn sie erfahren, welche Rechte und Möglichkeiten sie haben, ihre Schule und ihr Umfeld mitzugestalten. Es ist aber auch großartig, superengagierte Pädagog*innen zu erleben, denen wirklich etwas daran liegt, Schule nicht nur als Ort der Wissensvermittlung, sondern als Gemeinschaft zu sehen.

Welche Arten von Versäumnissen sind es, über die ich hier sprechen möchte? Es geht um veraltete Methoden, Mängel bei der Infrastruktur, weil dringend benötigte Modernisierungsmaßnahmen jahrelang aufgeschoben wurden, um den Mangel an Lehrkräften sowie deren schlechte Aus- und Fortbildung, um verpasste inhaltliche Novellierungen zum Beispiel bei den Themen Religionsunterricht, Diversität, Psyche, gesunde Schule und die Vorbereitung auf die Welt nach der Schule als selbständiger junger Mensch. Auch um Schule als sozialen Raum, in dem die Schüler*innen die meiste Zeit ihres Tages verbringen – gerade auch unter dem Gesichtspunkt des kommenden verpflichtenden Ganztags.

Das Thema mangelnder Inklusion ist eines, das ich zum Ende meiner Schulzeit am eigenen Leib erfahren musste. Durch den Rollstuhl und, damit verbunden, eine völlig andere Sicht auf die Welt wurde mir erst klar, dass in Deutschland Inklusion oft Exklusion bedeutet. Ich werde darüber berichten, welche Probleme es in der Bildung für körperlich eingeschränkte Menschen gibt. Über andere Formen der Marginalisierung und Diskriminierung schreibe ich nicht, denn mir ist klar, dass ich sie weder erlebt habe noch Experte darin bin. Im Gegenteil, als weißer Cis-Mann gehöre ich zu einer sehr privilegierten Gruppe. Daher möchte ich in meinem Buch zwar auf diese Menschen aufmerksam machen, doch jenen das Wort überlassen, die wirklich wissen, wovon sie reden. Denn ansonsten wäre weder den Betroffenen noch Ihnen als Leser, geschweige denn mir, geholfen.

Schauen wir vor allem auf das demokratische Zusammenleben. Schule ist, das wird keiner bestreiten, die »Wiege der Demokratie«, denn nie wieder erreichen wir eine so breite gesellschaftliche Schicht wie in der Schule. Welche positiven Auswirkungen gelebte Demokratie und Beteiligung auch für das außerschulische Engagement haben können, beziehungsweise für das Leben nach der Schule (auch negativ, wenn Demokratie eben nicht gelebt wird), ist vielen gar nicht bewusst. Deshalb werde ich in diesem Buch darauf eingehen, wie demokratische Beteiligung inner- und außerschulisch gestaltet werden kann, aber auch darauf, welche Hindernisse einen erwarten und was es bedeuten kann, sich als junger Mensch in der Öffentlichkeit für ein bestimmtes Ziel einzusetzen.

Demokratie ist und bleibt nun mal die einzige Staats-
form, die man lernen muss. Warum beginnen wir damit
nicht in der Schule? Bildung ist die wichtigste Ressource,
die wir auf der Erde haben. Auch wenn wir Schüler*innen
nur wenige Prozent der Bevölkerung ausmachen, sind wir
doch 100 Prozent Ihrer und unserer Zukunft.

DAS SYSTEM SCHULE – EINE KURZE BESTANDSAUFNAHME ZU BEGINN

Was macht Schule heute aus? Lassen Sie uns die Probleme im Bildungswesen erst mal sammeln und einordnen, um sie später genauer beleuchten zu können. Beginnen wir damit, was überhaupt das Ziel von Schule ist. Bis heute habe ich das Gefühl, dass man sich darüber nicht sonderlich einig ist. Denn fragt man unterschiedliche Interessensgruppen in der Schule, erhält man sehr verschiedene Antworten. Eltern sehen Schule oft unter dem Aspekt Unterbringung und Schutz ihrer Kinder, wohingegen Pädagog*innen möglichst viel Wissen vermitteln wollen, während es den Schüler*innen darum geht, eine breite Grundlage für ihr späteres Leben zu bekommen. Eigentlich stehen diese Wünsche ja nicht im Widerspruch zueinander, aber es ist in der Praxis oft schwer, sie in Einklang zu bringen. Vielleicht auch deshalb, weil gerade den Schüler*innen die Lobby fehlt. In der Summe hat sich in den vergangenen Jahrzehnten trotz einer Welt, die sich wahnsinnig schnell verändert, im Bildungssystem nicht viel getan, zumindest nichts Grundlegendes. Viele Entwicklungen in der Realität wurden und werden verschlafen. Was heißt das für uns Schüler*innen?

Auch die hochgehaltene Bildungsgerechtigkeit und die Inklusion sind praktisch kaum vorhanden. Auf dem Papier werden sie schön beschrieben, aber in der Praxis verpuffen diese Schlagwörter, ohne konkret in der pädagogischen Wirklichkeit anzukommen. Die Politik setzt Inklusion oft nur als Segregation oder, im schlimmsten Fall, als Form der Exklusion um.

Ein aktuell heiß diskutiertes Thema ist der Lehrkräftemangel, den ich hier aus Sicht der Schüler*innen behandeln will. Einerseits, um die Auswirkungen der jahrelangen Misswirtschaft auf uns Schüler*innen einmal klar zu benennen, andererseits, um zu zeigen, was aus unserer Sicht am Lehrberuf verbessert werden müsste.

Dass Schule oft weit entfernt von Spaß und praktischem Unterricht ist, wird niemanden überraschen. Dabei wäre es nicht besonders schwer, die Motivation anzukurbeln. Das würde jedoch mehr Wahlmöglichkeiten bei Fächern, höhere Ausstattung, mehr Personal etc. erfordern. Die Möglichkeit, sich in der Schule seinen Interessen und Stärken zu widmen, könnte sie deutlich interessanter machen.

Ebenso brisant wie der Lehrkräftemangel ist aktuell die Digitalisierung von Schule und Unterricht. Da mangelt es an allen Ecken und Enden. Es fehlen Konzepte in der Pädagogik und Methodik, Fachkräfte, Wissen, Hardware und die nötige Portion Realismus angesichts unserer digitalisierten Welt. Vor allem aber fehlt eine klare, einheitliche

Linie, die andere Länder (nicht Bundesländer!) wie die Niederlande bereits für sich definiert haben.

Auch ungesunder Leistungsdruck und die falsche Herangehensweise an die Leistungsbewertung haben negative Auswirkungen auf die Schüler*innen. Zwar sind Themen wie psychische Gesundheit, Diversität und eine gesunde Schule teilweise in den Schulgesetzen verankert. Aber denken Sie bei Schule zuerst an Gesundheit, Nachhaltigkeit und Diversität? Ich nicht. Warum halten sich die Länder hier nicht an ihre selbst gesetzten Ziele, an Gesetze und bestehende Verträge?

Ähnlich schlecht sieht es bei der politischen Bildung und Beteiligung der Schüler*innen, bei der Durchsetzung ihrer Rechte und den Arbeitsmöglichkeiten ihrer Schüler*innenvertretung aus. Warum das so ist, können Sie die Schulaufsichtsbehörden oder den Gesetzgeber fragen – ach, stimmt, das ist ja dasselbe. »Gewaltenteilung« ist ein Wort, das in der Schule nicht existiert. Dazu später mehr.

Das Saarland, aus dem ich ja komme, ist das katholischste Bundesland Deutschlands. Wie steht es dort und anderswo eigentlich um den Religionsunterricht? Was sollte er können? Gerade in Zeiten der Abschottung, Radikalisierung und religiöser Konflikte trägt er in seiner derzeitigen Form nicht gerade zur Verbesserung eines toleranten Gesellschaftsklimas bei.

Apropos Radikalisierung: Diskriminierung und Rassismus in der Schule. Auch das sind Themen, die in letzter Zeit die Schlagzeilen beherrschen. Eigentlich überraschend, denn aus meiner praktischen Erfahrung gab es das schon immer. Schauen Sie sich doch einmal die Klassenchats egal welcher Schule an. Sie werden schockiert sein über die vielen rechten Parolen und Hitler-Gifs. Das fehlende Bewusstsein für die Tragweite von Grausamkeiten, der Drang, verbotene Dinge zu tun und Grenzen zu überschreiten, der Gruppenzwang und die Zugänglichkeit für rechte Parolen in jungen Jahren sind Dinge, die dieses Thema quasi natürlich beeinflussen, unabhängig von der individuellen Herkunft. Werden deshalb alle Schüler*innen rechtsradikal? Natürlich nicht. Aber warum nimmt die rechte Hetze an Schulen so stark zu? Weil die äußeren Einflüsse, sowohl aus der Öffentlichkeit als auch aus den sozialen Medien zugenommen haben und gleichzeitig der Umgang mit der Problematik und die Prävention vernachlässigt werden. Denn gefährlich wird es vor allem dann, wenn sich Radikalismus und pubertärer Spaß verbinden. Das gilt mindestens genauso bei allgemeiner und sexueller Gewalt an Schulen, Mobbing und Bullying. Vielen ist gar nicht bewusst, was da passiert. Hass und Hetze, denen engagierte Schüler*innen wie ich begegnen, bleiben uns nicht in den Klamotten hängen.

Im Kern geht es darum, wie wir später leben wollen und wo und wie dafür die Grundlagen gelegt werden. Tja, das sind eine Menge kontroverser Themen, teilweise sehr komplex. Erwarten Sie bitte keine allgemeingültigen Lösungen. Was ich bieten kann, sind die Probleme und ein paar Ideen aus Schüler*innensicht, was man da tun könnte. Mein »Standortvorteil«: Ich war bis zum Sommer 2023 auch nur ein Schüler, aber einer, dem die Schüler*innenschaft fünf Jahre in Folge demokratisch ein Mandat erteilt hat. Ich habe nichts anderes gemacht und versucht, als die vielen Meinungen, Wünsche, Ideen und Forderungen der Schüler*innen zu sammeln, zu vertreten und hier aufzuzeigen.

ZIEL VON SCHULE

Was ist eigentlich unser Anspruch, den wir an die Schule haben? Das ist eine Frage, mit der wir uns gerade im Rahmen der G9-Reform im Saarland, also der Rückkehr von acht zu neun Gymnasialjahren, intensiv auseinandersetzen mussten. Wenn man hierzu unterschiedliche Interessensgruppen befragt, erhält man ganz verschiedene Antworten.

Fragt man die Didaktiker, welche die Lehrpläne erstellen (und jeder, der schon einmal in einer Lehrplankonferenz saß, kann ein Lied davon singen), dann ist das eigene Fach nicht nur das wichtigste, das in der Schule unterrichtet wird, sondern es bräuchte viel mehr Stunden, um mehr spezifisches Wissen vermitteln zu können.

Fragt man die Eltern, geht es vor allem um den Betreuungs- und Erziehungsauftrag der Schule. In manchen Diskussionen gewinnt man den Eindruck, dass Schule ein »All-Inclusive-Paket« sein sollte. Das beinhaltet über den Unterricht hinaus die Betreuung der Kinder bis zum Abend, Unterstützung beim Erledigen von Hausaufgaben, Verpflegung und Bespaßung. Dabei ist ganz wichtig: Alles soll kostenfrei sein und eine lebenslange Garantie bieten, damit das Kind so wird, wie man es sich gewünscht hat.

Fragt man nun die Schüler*innen selbst, dann geht es neben der natürlich unumgänglichen Vermittlung von Basiswissen um sozialen Austausch und, mit steigendem Alter, um die Vorbereitung auf das »Erwachsenwerden«, also um das, was unabhängig von der späteren Berufswahl Grundlagenwissen für das Leben sein wird. Vergleichen wir diese Wünsche doch einmal mit der Realität.

An dieser Stelle muss ich an Richard David Precht denken, der in einem seiner Vorträge einmal sehr anschaulich verdeutlichte, was ein ineffizientes Schulsystem bedeutet. Er fragte sein überwiegend studiertes Publikum etwas, dass sein Sohn in der Unterstufe gelernt hatte, nämlich: »Zu welcher Wortgruppe gehört das Wort ›manche‹?« Niemand im Publikum konnte diese Frage direkt beantworten. Um es aufzulösen: Es ist ein Pronomen. Nun zog er daraus meiner Meinung nach zwei wichtige Erkenntnisse. Erstens, wenn Sie diese Frage gestellt bekommen, werden Sie nach der Auflösung sehr wahrscheinlich denken: »Das habe ich schon mal gehört.« Doch »habe ich schon mal gehört« ist nicht »wissen«. Zweitens, weder Sie - und noch weniger ihre Kinder - werden das Wort »manche« richtiger verwenden, weil sie wissen, was für eine Wortgruppe das ist.

Stellen wir nun diese Erkenntnisse einmal der Realität gegenüber, dass viele Schüler*innen, wenn sie die Schule verlassen, total überfordert sind mit den plötzlich in ihr Leben einbrechenden Anforderungen der äußeren Welt, weil ihnen über Themen wie Steuern, die erste eigene Wohnung, Finanzen oder Versicherungen nie etwas beigebracht wurde. Das sind aber Dinge, die für ein selbstständiges Leben nunmal unerlässlich sind oder, anders gesagt, die Basiswissen für ein selbstbestimmtes Leben darstellen. Wenn die Schule also nicht darauf hinarbeitet, Basiswissen zu vermitteln, das Schüler*innen auf ein selbstständiges Leben vorbereitet, verfehlt sie dann in ihrer bisherigen Form nicht spätestens an dieser Stelle ihr Ziel?

Schule im Wandel der Zeit

Spannend ist es zu sehen, welche Entwicklungen die Schule in den letzten Jahren (nicht) gemacht hat. Einstein sagte einmal: »Jeder ist ein Genie, aber wenn man einen Fisch danach beurteilt, wie gut er Bäume besteigen kann, wird er sein ganzes Leben lang glauben, dass er dumm ist.«

Nicht nur, dass unser Schulsystem Fische dazu nötigt, Bäume zu erklimmen, es zwingt sie auch dazu, herunterzuklettern und Zehn-Kilometer-Läufe zu machen. Ist uns klar, wie viele Kinder sich wie dieser Fisch fühlen, die stromaufwärts in der Klasse schwimmen wollen, aber niemals ihre Fähigkeiten voll zur Entfaltung bringen werden und glauben, dass sie dumm und nutzlos sind? Schule tötet Kreativität, Individualität und beleidigt oft die Intelligenz der Schüler. Schule verwandelt Millionen von Menschen in Roboter. Ist das erstrebenswert?

Hier sind einige Beispiele, an denen ich meinen Punkt verdeutlichen möchte: Wenn wir ein modernes Handy mit den Anfängen des Telefons vergleichen, gibt es große Unterschiede. Ein Auto von heute und ein Auto von vor 50 Jahren – ebenfalls große Unterschiede. Aber schauen Sie sich einen Klassenraum von heute an und vergleichen Sie ihn mit einem Bild einer Klasse von vor 50 oder mehr Jahren, dann ist es doch irgendwie beschämend, dass sich nichts oder fast nichts verändert hat. Soll Schule ihre Schüler*innen auf die Zukunft oder die Vergangenheit vorbereiten? Wenn wir auf die Ursprünge schauen, sollte die Schule die Menschen für die Arbeit in Fabriken ausbilden. Das erklärt, warum man Schüler*innen in Reih und Glied setzt, brav und ordentlich, und ihnen sagt: »Sitz still und hebe die Hand, wenn du sprechen willst.« Man gewährt ihnen eine kurze Pause zum Essen, sagt ihnen acht Stunden am Tag, was sie denken sollen, und will sie dazu bringen, eine gute Note zu haben, eine Zahl, die die Qualität des Produkts bestimmt: Klasse 1 – hervorragendes Fleisch. In dieser Verwendung hat Schule sich meiner Meinung nach überlebt.

Vielleicht war das einmal erforderlich. Man kann verstehen, dass die Zeit früher eine andere war, und alles hat eine Vergangenheit. Ich bin kein Gandhi, aber Roboter-Menschen und dumpfe Heere folgsam-disziplinierter Arbeitskräfte brauchen wir heute zum Glück nicht mehr. Die Welt hat Fortschritte gemacht, jetzt brauchen wir Menschen, die kreativ, innovativ und unabhängig denken können. Alle Neurowissenschaftler*innen sagen, dass kein Gehirn gleich ist, und jedes Elternteil mit zwei oder mehr Kindern wird dies bestätigen können. Also, warum behandeln wir Schüler*innen dann wie Massen- oder Fließbandware, indem wir sie alle in ein One-Size-System stecken?

Wenn ein Arzt allen Patienten die gleichen Medikamente verschreiben würde, wären die Ergebnisse tragisch. Viele Menschen würden krank werden. Ja, aber wenn es um die Schule geht, ist das genauso. Es ist schlicht ein pädagogischer Kunstfehler, wenn ein Lehrer vor 30 oder 40 Kindern steht, die alle von unterschiedlicher Art sind und alle unterschiedliche Bedürfnisse, Gaben und Träume haben und ihnen allen das Gleiche auf dem gleichen Weg beibringt.

Aber auch die Art und Weise, wie Lehrkräfte behandelt werden, ist oft fragwürdig. Lehrer*innen haben den wichtigsten Job des Planeten. Aber sie werden für ihre Arbeit schlecht bezahlt. Es gibt ja nicht mehr nur verbeamtete Lehrkräfte, sondern inzwischen sehr viele angestellte Lehrer*innen, zudem herrscht Fachkräftemangel. Kein Wunder also, dass viele Schüler*innen zu kurz kommen. Mal ehrlich, Lehrer*innen sollten genauso viel verdienen wie Ärzte. Denn so wie ein Arzt eine Herzoperation durchführt und das Leben eines Kindes rettet, kann eine Lehrkraft das Herz eines Kindes erreichen und ihm helfen, wirklich zu leben. Die Lehrer*innen sind Helden, die oft beschuldigt werden zu versagen, sich Spott und Hohn anhören dürfen, aber oftmals gar nicht das Problem sind. Sie arbeiten in einem System ohne ausreichende Optionen und Möglichkeiten. Lehrpläne werden von politischen Entscheidungsträgern mitbestimmt, von denen die meisten noch nie einen Tag in ihrem Leben unterrichtet haben, die aber fanatisch an standardisierte Tests im Multiple-Choice-Verfahren glauben, die über Erfolg oder Misserfolg der Bildungspolitik bestimmen sollen. Selbst Frederick J. Kelly, der Mann, der die standardisierten Tests erfunden hat, sagte: »Diese Tests sind zu oberflächlich, um benutzt zu werden.«

Wenn wir also auf diesem Weg weitermachen, können die Ergebnisse tödlich für die Bildungsbemühungen in

Deutschland sein. Ich habe nicht viel Vertrauen in das System Schule, aber ich habe großes Vertrauen in die Menschen. Und wenn wir die Gesundheitspflege, wenn wir Autos und Facebook-Seiten weiterentwickeln können, dann sollte es unsere Pflicht sein, das gleiche mit unserer Bildung zu tun, besser zu werden, sie und den *Spirit* von Schule zeitgemäß zu verändern. Und all das ist nutzlos, wenn wir nicht daran arbeiten, allen Schüler*innen Spaß und Freude an der Schule zu geben. Es geht nicht darum, immer dasselbe zu tun, sondern darum, jedes Herz in jeder Klasse individuell zu erreichen. Natürlich ist Mathematik wichtig, aber auch nicht wichtiger als Kunst oder Tanz. Jeder sollte die gleichen Chancen haben, seine Talente zu entwickeln.

Ich weiß, das klingt nach einem Traum, aber Länder wie Finnland setzen beeindruckende Maßstäbe. Dort gibt es kürzere Schultage, die Lehrkräfte werden angemessen bezahlt, Hausaufgaben existieren nicht. Die Schulen konzentrieren sich auf Kooperation statt Konkurrenz, und trotzdem übertrifft das finnische Bildungssystem momentan jedes andere der Welt. Länder wie Singapur folgen schnell, und Einrichtungen wie Montessori-Schulen oder die Non-Profit-Organisation Khan Academy, die weltweit über das Internet einen Zugang zu High-End-Lehrmaterialen ermöglichen will, zeigen ebenfalls neue Wege auf. Es gibt nicht die eine Lösung, aber Schule muss sich verändern. Während Schüler*innen 20 Prozent der Bevölkerung in Deutschland ausmachen, sind sie doch 100 Prozent unserer Zukunft. Deshalb sollten wir uns um ihre Träume kümmern. Das ist die einzige Welt, die wir haben. Und es sollte eine Welt sein, in der Fische nicht mehr gezwungen werden, Bäume hochzuklettern.

Dabei dürfen auch Faktoren wie der Zustand von Schulgebäuden und ihre Ausstattung, die ebenso wichtige Faktoren für den Lernerfolg wie Lehrkräfte, Lehrpläne und Unterrichtsmethoden sind, nicht vernachlässigt werden. Schauen Sie sich doch einmal in deutschen Schulen um: offene Decken, es tropft von den Wänden, kaputte Tische, fehlende oder mangelhafte Tafeln, Projektoren, Computer, kaputte Schulhöfe. Von den Toiletten möchte ich erst gar nicht anfangen. Klar, es gibt immer positive Gegenbeispiele. Aber die Mehrzahl der Schulen ist in einem schlechten oder verbesserungswürdigen Zustand. Marode Schulgebäude scheinen fast zum deutschen Standard geworden zu sein, ebenso wie veraltete Einrichtungen und unzeitgemäße technische Ausstattungen – all das ohne Aussicht auf Änderungen. Aber war Bildung nicht die wichtigste Zukunftsressource in einem Land, dessen Industriearbeitsplätze immer weniger werden, das auf einen innovativen Mittelstand setzt und seine Zukunft im 21. Jahrhundert selbst gestalten will? War ja nur 'ne Frage.

Man beziffert den baulichen Sanierungsbedarf an Schulen bundesweit auf etwa 50 Milliarden Euro. Die Verantwortung liegt bei den Ländern, und die Probleme existieren ja nicht erst seit gestern. Der Föderalismus ist ein großer Stolperstein auch für alle Verbesserungsversuche in puncto Gebäudesanierung. Es ist viel vernachlässigt worden. Dabei ist nachweislich der schlechte bauliche Zustand einer Schule ein Hindernis für den Lernerfolg der Schüler*innen. Aus diesem Grund sind nachhaltige Finanzierungsmöglichkeiten und Maßnahmen für den Bau und die Instandhaltung von Schulgebäuden und Klassenräumen die unabdingbare Basis jeder Schulreform. Nur so kann der Lernort Schule zu einer Umgebung werden, die einen positiven Einfluss auf das hat, was aus den Schüler*innen einmal werden könnte.

Lebensort Schule

Herr Schröder, ein deutscher Comedian, Kabarettist und ehemaliger Gymnasiallehrer, stellte einmal eine spannende These auf: »Schule muss eigentlich nicht cool sein, Schule muss zu gewissen Teilen scheiße sein. Es ist eine ihrer hauptpädagogischen Ziele, sich eine gewisse Scheißigkeit zu bewahren. Woher sonst sollten Schüler*innen ihren Abstoßungsimpuls nehmen, der sie ins Leben katapultiert? Schule muss ein Ort sein, aus dem man sich wegbewegen will. Sie sollen doch ins Leben starten. Schule als der Kratzbaum des Lebens. Gegenspielerprinzip. Hier will ich weg. Mit diesem Impuls gehen sie ins Leben. Stellt euch mal vor, Schule wäre ein cooler, innovativer Ort. Mit hippen Leuten. Joko Winterscheidt ist Schulleiter. Kommt mit dem Sushi-Bike in die Schule. Cooler Ort. Erst 9:30 Uhr geht's los. Dann würden die Schüler*innen dableiben wollen. Hier fühle ich mich wohl. Coole Ideen, was brauch ich mehr? Hier bleibe ich! Das wäre gesellschaftlich verheerend. Sie müssen dort wegwollen. Das ist der Impuls ins Leben, hinaus in die Freiheit. Das Vorglühen darf nie cooler sein als die eigentliche Party.«

Wenn das in echt so wäre, wäre das echt schade. Schule sollte schon ein Ort sein, an dem Schüler*innen nicht nur

Fakten vermittelt bekommen, sondern auch Kernkompetenzen wie Selbstorganisation, Respekt und Grundregeln für ein faires, soziales Miteinander. Und auch ein Ort, an dem sie gerne sind! Dabei muss kreativer, handwerklicher und fächerübergreifender gearbeitet werden, um Schlüsselqualifikationen mit Freude und Wissbegier zu erlernen. Der Fall, dass Schüler*innen die Schule als einen Ort sehen, der ihnen das Gefühl vermittelt, für ihre Zukunft nichts zu lernen, muss durch den Wandel unseres Bildungssystems vermieden werden.

Um den Wandel zu gestalten, gibt es viele Möglichkeiten. Schüler*innen könnten zum Beispiel an der Planung von neuen Schulgebäuden beteiligt werden, von der Konzeption bis zur Umsetzung, durch die Schüler*innenvertretungen oder Projektgruppen, in denen Schüler*innen ihre Wünsche und Bedürfnisse artikulieren und einbringen, sodass sie sich später in einer möglichst guten Lernumgebung bewegen können. Zu oft nämlich werden die Bedürfnisse von Schüler*innen nur als nebensächlich in den Bauplänen der Kommunen abgetan. Schüler*innen verbringen einen großen Teil ihrer Jugend in diesen Wänden und können daher auch selbst am besten über ihre Lernumgebung befinden.

BILDUNGSGERECHTIGKEIT

»Niemand darf wegen seines Geschlechts, seiner Abstammung, seiner Rasse, seiner Sprache, seiner Heimat und Herkunft, seines Glaubens, seiner religiösen oder politischen Anschauungen benachteiligt oder bevorzugt werden. Niemand darf wegen seiner Behinderung benachteiligt werden.« So sagt es das Grundgesetz. Dass dies aber in der Realität anders aussieht, zeigt zum Beispiel der »Chancenmonitor 2023«, den das Münchner ifo Zentrum für Bildungsökonomik veröffentlicht hat.

Der Chancenmonitor brachte zum Beispiel heraus, dass ein Kind mit einem alleinerziehenden Elternteil aus dem unteren Einkommensviertel und aus einer migrantischen Familie nur mit einer Wahrscheinlichkeit von 21,5 Prozent ein Gymnasium besuchen wird. Hat das Kind jedoch beide Elternteile, die auch noch dem oberen Einkommensviertel angehören und keinen Migrationshintergrund haben, liegt die Wahrscheinlichkeit für den Besuch eines Gymnasiums bei 80,3 Prozent. Ist das gerecht? Ist das gesellschaftlich gewollt? Gleichzeitig wurde festgestellt, dass Menschen mit Abitur nicht nur 42 Prozent mehr pro Monat verdienen, sondern auch eine höhere Lebenszufriedenheit und Lebenserwartung haben. Aber auch das Geschlecht macht einen Unterschied. Der Anteil der Jungen, die ein Gymnasium besuchen, liegt unter dem der Mädchen. Das ifo schreibt: »Allein bei der Betrachtung der Bildung der Eltern ergeben sich schon große Unterschiede: Der Gymnasialbesuch der Kinder steigt von 28,2 Prozent bei Kindern, deren Eltern kein Abitur haben, über 57,9 Prozent bei einem Elternteil mit Abitur auf 75,3 Prozent, wenn beide Elternteile ein Abitur haben. Unterschiede zeigen sich zudem bei der Erwerbstätigkeit der Eltern. Insgesamt liegt die Wahrscheinlichkeit, ein Gymnasium zu besuchen, bei Mädchen bei 44,9 Prozent und damit um 6,9 Prozentpunkte höher als bei Jungen (38 Prozent). Diese Unterschiede zwischen den Geschlechtern finden sich in ähnlicher Größenordnung unabhängig von der sozialen Herkunft der Kinder.«

Gleichzeitig schlägt das ifo klare Handlungsempfehlungen vor:

- Den Ausbau frühkindlicher Bildungsangebote für benachteiligte Kinder.
- Unterstützung von Familien benachteiligter Kinder bei der Erziehung.
- Die besten Lehrkräfte sollten an Schulen mit vielen benachteiligten Kindern eingesetzt werden.
- Kostenfreie und frühzeitig angebotene Nachhilfeprogramme für benachteiligte Kinder.
- Kinder länger gemeinsam lernen lassen, bevor sie auf unterschiedliche weiterführende Schulen gehen.
- Mentoring-Programme für benachteiligte Kinder.

Vielerorts werden Kinder nach Einzugsgebieten in Schulen aufgeteilt. Die Folgen erlebt man oft auch im eigenen Umfeld: Wohlhabendere treffen auf Wohlhabendere, sozial Schwächere auf sozial Schwächere. Dieses Verteilungssystem trägt zur Manifestierung sozialer Disparitäten bei und sollte beendet werden. Bis das aber geschehen ist – und ich fürchte, das dauert sehr, sehr lange – könnten Projekttage oder Veranstaltungen den Austausch zwischen Schulen fördern und ausgleichend wirken.

Auch binnendifferenziertes Lernen, ein Ansatz, um innerhalb einer Gruppe von Schüler*innen Defizite einzelner zu erkennen und anzugehen, kann helfen, Schüler*innen individuell besser zu fördern und die Unterschiede in der Herkunft und in den persönlichen Voraussetzungen auszugleichen. Nach Möglichkeit sollten die Fachkräfte an einer Schule gemeinsam mit den Mitbestimmungsgremien Konzepte entwickeln, die zum Ziel haben, Schüler*innen bestmögliche Formen der Inklusion und Förderung zu bieten. Doch neben der Inklusion an den allgemein- und berufsbildenden Schulen sollten die bereits bestehenden Förderschulen weiter existieren und nicht vernachlässigt werden. Denn sie bieten nach wie vor einen wertvollen Raum für jene Schüler*innen, denen der Besuch einer anderen Schule wegen der aktuellen Pädagogik oder aus anderen Gründen nicht möglich ist. Wobei eine sinnvolle Inklusion mit entsprechenden didaktischen Konzepten und Fachkräften in allgemein- oder berufsbildenden Schulen das Hauptziel sein muss.

Im Saarland wurde, wie andernorts auch, mit der G9-Reform das Thema Zugangstests für Gymnasien diskutiert, wieder einmal. Stattdessen sollte bei der Wahl zwischen einer allgemein- oder berufsbildenden Schule und einer Förderschule lieber eine umfassende Beratung für Schüler*innen und ihre Erziehungsberechtigten angeboten werden. So kann leichter – vor allem auf Grundlage einer angemessenen Beurteilung – eine Entscheidung getroffen werden, welcher zukünftige Bildungsweg der beste für der/die Schüler*in ist.

Eines ist dabei natürlich klar: Das alles, wie so vieles andere, kostet richtig Geld. Dieses Geld wie mit einer Gießkanne wahllos auf irgendwelche Schulen rieseln zu lassen, ist natürlich Quatsch. Es muss gezielt eingesetzt werden. Wie es besser gehen kann, demonstriert das Startchancen-Programm von Bund und Ländern, das jedoch erst im Jahr 2024 beginnt und nur ausgewählten Schulen zugutekommen soll. Die *Süddeutsche Zeitung* schrieb: »Etwa 4.000 Schulen in Deutschland sollen über zehn Jahre hinweg Geld bekommen, um Schülerinnen und Schüler aus sozial schlechter gestellten Familien gezielt zu fördern: So will die Politik die Nachteile ausgleichen, die diese Schüler in ihrem Schul- und Berufsleben nach wie vor haben. Das ist die Idee des sogenannten Startchancen-Programms. Nun hat das Bildungsministerium von Bettina Stark-Watzinger (FDP) die Pläne konkretisiert. Ein Schwerpunkt soll nach Vorstellung des Ministeriums bei den Grundschulen liegen. Sie werden 60 Prozent der geförderten Schulen ausmachen, heißt es in dem Eckpunktepapier, das der *Süddeutschen Zeitung* vorliegt. Zuerst hatte die *Frankfurter Allgemeine Zeitung* über das Papier berichtet. Weitere 20 Prozent des Geldes sollen an Berufsschulen gehen.« Allerdings muss jedem klar sein: Das ist nur ein Tropfen auf den heißen Stein, wenn man echte Chancengleichheit für Kinder und Jugendliche in der Bundesrepublik herstellen will.

INKLUSION

Werfen wir doch mal einen Blick auf das Thema »Inklusion«. Es handelt sich um einen Begriff, der im öffentlichen Diskurs oft als pures Schlagwort verwendet wird, ohne dabei wirklich auf seine Inhalte einzugehen. Alle wollen inklusiv sein – zumindest, solange es keinen Aufwand bedeutet, nichts kostet und keine Ressourcen bindet.

Ein Jahr vor meinem Abitur kam ich in die Situation, auf einen Rollstuhl angewiesen zu sein. Menschen dürfen wegen ihrer Behinderung nicht benachteiligt werden, so steht es im Grundgesetz. Das sollte auch in der Schule gelten. Schauen wir uns daher meine persönliche Ausgangssituation doch einmal genauer an.

Ich war ein Schüler ein Jahr vor seinem Abitur, der eines der zwei Oberstufengymnasien für Wirtschaft in seinem Landkreis – dem Regionalverband Saarbrücken – besucht. Das Schulgebäude ist das Ergebnis eines architektonischen Kunstprojekts. Es gibt keinen Aufzug, aber eine Behindertentoilette im ersten Obergeschoss, die ich über Treppen nicht erreichen kann. Auch die Notausgänge sind nicht barrierefrei. Ein Kunstprojekt und Barrierefreiheit – stehen die sich im Wege? Hier ja. Da die Schule als Kunstwerk gilt, hat der Architekt ein lebenslanges Mitspracherecht bei allen Umbauten und Veränderungen, egal wie klein sie auch sein mögen. Ein Aufzug würde – wenn es nach dem Künstler geht – das Kunstwerk zerstören, und dem Schulträger wäre der Einbau zu teuer.

Warum bin ich nicht einfach auf eine andere Schule gegangen? Von 50 Schulen, so teilte es der Landrat mit, seien immerhin zehn barrierefrei. Mag sein, jedoch ist keine davon ein wirtschaftswissenschaftliches Oberstufengymnasium. Die Förderschulen im Landkreis, die natürlich einen großen Teil der barrierefreien Schulen stellen, führen nicht zum Abitur, und nicht einmal diese sind *alle* barrierefrei.

Somit blieb mir nur eine Hoffnung: meine Schulleitung. Sie war zum Glück kulant und plante über die Sommerferien die Räume so um, dass mein gesamter Unterricht in einem Raum im Erdgeschoss stattfand und alle Schüler*innen und Lehrkräfte um mich herum die Räume wechseln mussten. Jetzt hieß es nur noch beten, dass es nie brennt, denn sowohl vor als auch hinter dem Notausgang gab es eine Stufe. Ein kurioser Funfact dazu: Erst nachdem ich ein Fernsehinterview zu dieser Problematik gegeben hatte, kam Bewegung in die Sache. Der Notausgang wurde von außen barrierefrei gemacht, immerhin, doch die Stufe innen blieb. Fazit: kein Unterschied. An einer größeren Schule wäre jedoch eine solche Änderung in der Organisation völlig undenkbar gewesen. Wäre meine Schulleitung nicht so engagiert gewesen, hätte ich meinen Traum vom Abitur kurz vor dem Ziel zu den Akten legen können. Ich hatte Glück. Aber ist das funktionierende Inklusion?

An dieser Stelle möchte ich meiner Schulleitung und dem gesamten Kollegium meiner Schule danken. Ohne diese großartigen Menschen, die mich immer, ob wegen meiner gesundheitlichen Situation oder meines politischen Engagements, umfassend unterstützt und gefördert haben, wäre all dies nie möglich geworden. Selten habe ich so tolle, aufgeschlossene und unterstützende Lehrer*innen getroffen wie hier. Die Schule ist nicht nur didaktisch, in Bezug auf die Digitalisierung und den zwischenmenschlichen Umgang definitiv eine der besten, auch für uns Schüler*innen ist es ein Glück, Teil dieser Gemeinschaft zu sein. Daher an dieser Stelle ein großes DANKESCHÖN, auch an meine Deutschlehrerin. Verzeihen Sie mir meine Fehler, die mein Lektor nicht gefunden hat, wenn Sie das Buch lesen.

Aber zurück zum Thema. Was bedeutet für uns in unserem Bildungssystem eigentlich Inklusion? Das ist nämlich eine sehr unübersichtliche Landschaft – wie bei fast allen Statistiken zum Thema Bildung. Von Land zu Land sind die Gesetze verschieden, die Kriterien verschieden, die Systeme verschieden. Auch existierende Statistiken sind oft wenig aussagekräftig. Die Länder erheben Zahlen nach eigenem Ermessen, sehr uneinheitlich, so uneinheitlich, dass ein bundesweiter Vergleich schwerfällt und die Kultusministerkonferenz meist keine verbindlichen, kumulierten Zahlen vorlegen kann. Ob nur bei einem Kind oder einem Jugendlichen Förderbedarf besteht, wird von Bundesland zu Bundesland, ja manchmal sogar von Stadt zu Stadt unterschiedlich bewertet. Auch die Sprache ist kompliziert.

Da ist von »Inklusionsquoten«, »Exklusionsquoten«, »Inklusionsanteilen« und »Förderquoten« die Rede.

Also ein paar ungefähre Zahlen: Insgesamt gab es laut Statistischem Bundesamt in Deutschland im Jahr 2022 etwa 11,1 Millionen Schüler*innen. Auf einer Internetseite der Aktion Mensch kann man lesen, dass es im Schuljahr 2020/21 rund 568.000 Schüler*innen in Deutschland mit Förderbedarf gab. Das entspricht einer sogenannten Förderquote von 7,7 Prozent (gemessen an allen Schüler*innen der Primar- und Sekundarstufe). Von diesen 568.000 besuchen etwa 254.100 (Inklusionsanteil von 44,7 Prozent) eine Regelschule. Gemessen an allen Schüler*innen der Primar- und Sekundarstufe sind es 3,5 Prozent (Inklusionsquote). Die übrigen immerhin rund 314.000 gehen auf Förderschulen (das entspricht einer Exklusionsquote von 4,3 Prozent).

Wie sieht es beim Konzept Inklusion aus? Wie man an den obigen Zahlen sehen kann, hat Deutschland, grob gesagt, noch immer den Ansatz »Inklusion = Exklusion beziehungsweise Separation«. Dieser Eindruck verschärft sich noch, wenn man sich ansieht, wie Inklusion vor Ort umgesetzt wird. Als Landesschülersprecher und in der Bundesschülerkonferenz erreichen mich dazu viele negative Beispiele. Überspitzt gesagt, ziehen wir Menschen mit Behinderungen aus der Öffentlichkeit heraus, stecken sie in Förderschulen und anschließend in Behindertenwerkstätten. Dort sind sie unter sich, stören niemanden, machen keine Umstände und sollen froh sein, überhaupt etwas tun zu können. Ob das wirklich ihren – möglicherweise begrenzten – Fähigkeiten entspricht oder ob sie vielleicht in einer gewissen Form auch ausgebeutet werden, ist zunächst eine zweitrangige Frage. Hauptsache, sie können etwas machen und sind beschäftigt. Toll!

Die USA verfolgen den übertriebenen Ansatz in die andere Richtung: »Alle sind gleich«. Eingeschränkte Menschen werden vollständig in dieselben Schulen gesteckt wie Nichteingeschränkte, aber nicht gefördert, gar nicht. Die Lehrkräfte erhalten keine spezifischen Ausbildungen. Da heißt es »friss oder stirb«. Entweder schaffst du es, genauso gut wie die anderen zu sein, oder du hast halt Pech. So beschrieb es mir einmal eine Lehrkraft meiner alten Schule, die in den USA tätig war.

Eines haben beide Systeme jedoch gemeinsam: Sie unterscheiden nicht – oder nicht genug – nach den individuellen Fähigkeiten. Inklusion bedeutet, die Menschen mit Förderbedarf individuell so zu unterstützen, dass sie trotz ihrer Unterschiede am Ende dieselben Möglichkeiten haben wie die Menschen um sie herum. Das bedeutet: Der Weg ist anders, das Ziel jedoch dasselbe. In Deutschland sind der Weg *und* das Ziel anders, während in Amerika der Weg derselbe für alle ist und das Ziel auch. Und noch eines haben beide gemeinsam: Sie sind kostengünstig. In den USA sind die Kosten gering, weil man gar nicht individuell fördert, und in Deutschland drückt man sich um die eigentlichen Kosten für eine umfassende Integration in die Gesellschaft und den Arbeitsmarkt herum: Denn wenn Förderschulen grundsätzlich nur bis zum Gesamtschulabschluss führen, werden Menschen dort von Anfang an nie dieselben Chancen haben wie andere, die ein Gymnasium besuchen können.

Dabei schreibt die UN-Behindertenrechtskonvention von 2006 vor sicherzustellen, dass Menschen nicht aufgrund einer Behinderung vom allgemeinen Bildungssystem ausgeschlossen werden dürfen. In Deutschland gilt die Konvention seit 2009. Behinderte Kinder dürfen also nicht aufgrund ihrer Behinderung vom Besuch einer Grundschule oder einer weiterführenden Schule ausgeschlossen sein. Vielmehr soll ihnen gleichberechtigt mit anderen – nicht behinderten – Kindern der Zugang zu einem inklusiven, hochwertigen und kostenlosen Unterricht ermöglicht werden.

Doch in der Realität ist es so, dass jeder und jede, der oder die in der Oberstufe eine körperliche Beeinträchtigung erleidet, sich ernsthaft die Frage stellen muss, ob das Abitur überhaupt abgeschlossen werden kann. Und da haben wir noch gar nicht über Themen wie Barrierefreiheit außerhalb der Schule, den Transport zur Schule und die gesamte Bürokratie darum herum gesprochen.

Denn auch im Alltag stoßen Menschen mit Behinderung täglich auf neue Herausforderungen. Fehlende Rampen, Bordsteine, fehlende Toiletten, nicht nutzbare öffentliche Verkehrsmittel und vieles mehr. Das ist besonders ärgerlich, wenn man dann auch noch als vermeintliches Hindernis für andere angemeckert oder beleidigt wird, als hätte man es sich ausgesucht, behindert zu sein. Wenn ich an die Zeit zurückdenke, als meine Krankheit in ihrer Hochphase war und ich von Arzt zu Arzt und von Krankenhaus zu

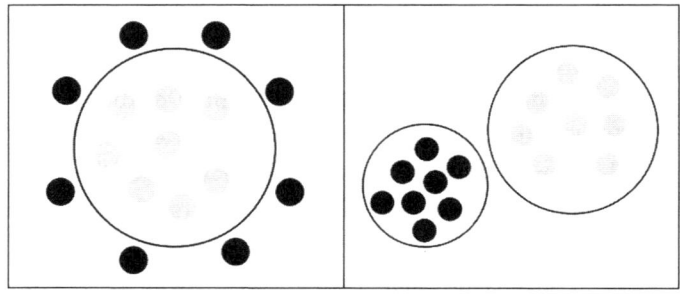

Abbildung 1: Exklusion   Abbildung 2: Separation

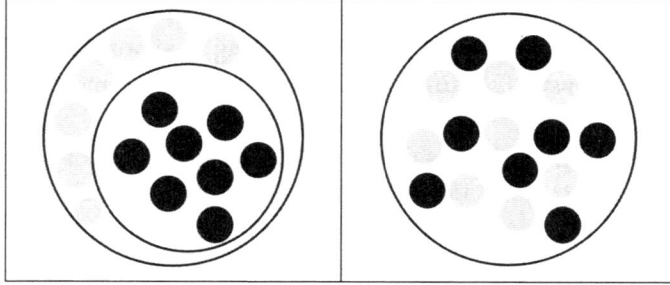

Abbildung 3: Integration   Abbildung 4: Inklusion

Krankenhaus gewandert bin, wundert es mich nicht mehr, wie und warum Menschen aus dem Raster unseres Sozialsystems fallen: Wer keine Ersparnisse und keine Familie hat, die einem hilft, wenn man zum Beispiel längere Zeit im Krankenhaus liegt, hat kaum eine Chance, Anträge auf Schwerbehinderung mit einer Bearbeitungszeit von 6 bis 12 Monaten rechtzeitig zu stellen. Bis du Hilfe bekommst, liegt eine Bürokratie mit endlosen und komplizierten Anträgen vor dir, die du in einer akuten Situation der Schwäche ohne Unterstützung nicht ausfüllen kannst. Früher dachte ich auch, dass hier niemand hungern muss, der nicht will. Aber jetzt, wo ich selbst in die Situation gekommen bin, waren es mein Erspartes und meine Familie, die mir geholfen und mich vor der Verschuldung bewahrt haben. Doch dieses Glück hat nicht jeder.

Und wenn das Jugendjobcenter nur bis 12 Uhr geöffnet hat, also zu Zeiten, wo die eigentliche Zielgruppe in der Schule sitzt, frage ich mich wirklich, ob sich da ja jemals jemand Gedanken über die Umsetzung solcher Förderungen gemacht hat. Auch wenn die Angebote gut und wichtig sein mögen, sind sie für die Menschen, die sie dringend benötigen, praktisch oft nicht zugänglich, und so verfehlen sie ihr Ziel. Innerhalb eines halben Jahres ist die Zahl meiner Ordner mit wichtigen Anträgen von einem auf drei angewachsen. Ein bürokratischer Aufwand, den ein junger Mensch, ungeachtet seiner gesundheitlichen Situation, kaum bewältigen kann.

Also herzlich willkommen in meinem Leben zwischen Bürokratie, unüberwindbaren Stufen und Exklusion.

Seit 2009 gilt in Deutschland also das Gesetz, das Menschen mit Behinderung Chancengleichheit auch in der Bildung einräumt. Seitdem soll jede Schule dafür sorgen, dass alle Schüler*innen am Unterricht teilnehmen können. Doch in der Praxis scheitert das Ansinnen radikal. Eine Studie des Verbandes Bildung und Erziehung zeigt, wie schlecht die Voraussetzungen tatsächlich sind. Nur 16 Prozent der befragten Lehrkräfte gaben an, dass ihre Schule vollständig barrierefrei sei. 65 Prozent der Befragten unterrichteten in Inklusionsklassen alleine, ohne zusätzlich unterstützende Fachkräfte, und 42 Prozent bewerteten die personelle Ausstattung für inklusiven Unterricht als »mangelhaft«.

Was könnten nun die Schulen zur Besserung beitragen?

Es muss mehr über die Herausforderungen und Hürden von Menschen mit Behinderung gelernt werden. Das Nichtvorhandensein von Schüler*innen mit Behinderung an normalen öffentlichen Schulen heißt ja nicht, dass es irrelevant ist, sich mit behinderten Menschen zu befassen. Das Thema darf nicht relativiert werden. Es braucht eine Förderung der Diskussionskultur auch unter Schüler*innen, um über die Situation und Bedürfnisse behinderter Menschen nachzudenken und sie besser in das praktische Schulleben zu integrieren. Dabei muss die Auseinandersetzung mit den Problemen und Hürden von behinderten Menschen in die Lehrpläne aufgenommen werden. Lehrkräfte sollten Schüler*innen im Rahmen des normalen Unterrichts auch darüber aufklären, wie privilegiert sie im Umkehrschluss eigentlich sind und ihnen so die hohe Bedeutung des Themas Chancengleichheit in unserer Gesellschaft nahebringen.

Dazu können übrigens schon ganz simple Projekttage mit etwas Selbsterfahrung beitragen. Es ist nämlich etwas anderes, ob ich nur erklärt bekomme, was es bedeutet, meinen Alltag in einem Rollstuhl meistern zu müssen, oder ob ich es einmal selbst erfahre. Das Fehlen von Selbstständigkeit und Flexibilität durch nicht barrierefreie Orte oder die Notwendigkeit, sich 24 Stunden im Voraus anzumelden, um mit der Bahn fahren zu können, aber auch Beleidigungen zu hören, weil man im Rollstuhl sitzt oder von Bussen stehengelassen zu werden, weil man den Aufwand, beim Einstieg helfen zu müssen oder Verspätungen nicht in Kauf nehmen will – das sind Dinge, die man erlebt und gefühlt haben muss, um sie zu verstehen. Dass bei vielen das Selbstverständnis vorherrscht, Menschen mit Behinderungen sollten doch bitte zu Hause bleiben oder dass es an Hilfe mangelt, wenn du mal einen Platten hast, muss für Menschen ohne Behinderung erfahrbar gemacht werden.

Und natürlich bleibt die Forderung, dass dringend an der Barrierefreiheit der Schulen gearbeitet werden sollte. Gleicher Zugang zu Bildung für alle bedeutet, dass man sich auch mit Behinderung seine Schule und seinen gewünschten Schulabschluss aussuchen darf. Wenn ich dann Sätze höre wie »bei Neubauten von Schulen achten wir auf die Barrierefreiheit«, frage ich mich, wann Sie das letzte Mal gesehen haben, dass eine Schule neu gebaut wurde. Ich jedenfalls nicht, denn meistens werden bestehende Gebäude genommen und maximal saniert – wenn überhaupt.

Ein Vorbild, zumindest wenn man es auf Inklusion bezieht, könnte Kanada sein. In der Vergangenheit sind immer wieder Berichte und Forschungsergebnisse über Kanadas inklusive Bildung erschienen, die dem Land beziehungsweise einigen seiner Provinzen eine gewisse Leuchtturmrolle zuschreiben. Mitunter wird Kanada auch als das »Geburtsland der inklusiven Schule« bezeichnet. Hier sind zum Beispiel inklusive Schulen mit barrierefreien

Gebäuden seit 1986 Pflicht. Ingrid Crowther, Hochschulprofessorin für Lehrerausbildung in Toronto, begründete diesen Systemwechsel in einem *Spiegel*-Interview einmal so: »Davor hatten wir Sonderschulen, die sehr teuer waren und in denen die Kinder ihr Potenzial nicht ausschöpfen konnten. Die Behinderten konnten nur schwer oder überhaupt nicht in die Gemeinschaft integriert werden. Zudem lernten die anderen Kinder nicht, sich an Kinder mit besonderen Bedürfnissen zu gewöhnen.« Sonderschulen gibt es in Kanada nicht mehr. Alle Kinder lernen bis zur neunten Klasse gemeinsam. Teams aus Lehrer*innen, Therapeut*innen und Sonderpädagog*innen unterrichten und begleiten die Klassen gemeinsam. »Educational Assistents« helfen den Kindern, nehmen sie bei Bedarf auch aus der Gruppe heraus und weichen mit ihnen zeitweise in Extraräume aus, ohne dass der Unterricht unterbrochen oder gestört wird. Von diesem Modell könnte sich das exklusive Bildungssystem in Deutschland eine große Scheibe abschneiden, denn so wird Inklusion tatsächlich inklusiv gelebt.

Es wäre doch so einfach zu sagen: Setzt eure eigenen Gesetze und die Verträge um, die ihr unterschrieben habt! Aber wie wir ja auch bei der Klimakrise sehen können, fällt Deutschland so etwas sehr schwer.

LEHRKRÄFTEMANGEL

Der Lehrkräftemangel, den wir aktuell erleben, ist ein Produkt, das in den meisten Bundesländern aus langen strukturellen Fehlentscheidungen resultiert. Trotz klarer Prognosen, steigender Geburtenzahlen und einer großen Anzahl von Lehrkräften aus der Babyboomer-Generation, bei denen es sich also voraussehen lässt, dass viele gleichzeitig in Pension gehen werden, baute man an den Universitäten immer weiter ab, also dort, wo die Lehrkräfte ausgebildet werden.

Derzeit fehlen laut Tagesschau bundesweit rund 12.300 Lehrer*innen. Solide Zahlen sind schwer zu bekommen, weil alle Länder, ich erwähnte es ja schon, Statistiken nach eigenen Kriterien erheben. Die Kultusministerkonferenz (KMK) pflegt hier meist die niedrigsten Zahlen, der Deutsche Lehrerverband die höchsten. Er geht von einer erschreckenden Dunkelziffer aus und schätzt den Mangel an Lehrkräften auf 32.000 bis 40.000! Wie kann das sein? Laut seinem Vorsitzenden wird da »enorm geschönt und getrickst«, um die wahren Verhältnisse zu verdecken. Am Schuljahrsbeginn werden die Lehr- und Stundenpläne den Personalverhältnissen angepasst, Eltern und Nichtpädagog*innen springen als Schulhelfer ein und so weiter. Tendenz steigend.

Offenbar ist der Lehrberuf sehr unattraktiv geworden. Bei der Ausbildung fängt es schon an. Oft sind die Hürden banal: Zum Beispiel war es nur noch in den Wintersemestern möglich, ein Lehramtsstudium zu beginnen, und die Eingangsbeschränkungen wurden immer weiter nach oben gedreht. Das Problem dieser Eingangsbeschränkungen ist, dass gerade in jenen Fächern ein besonders hohes Anforderungsniveau herrscht, wo am wenigsten Lehrkräfte zur Verfügung stehen. Ich rede nicht von Deutsch und Mathematik, sondern von Musik und Bildender Kunst. Während man für die Zulassung zum Musikstudium bereits zwei Instrumente beherrschen oder für das Kunststudium ein halber Picasso sein muss, unterrichten diese Fächer gerade in der Unterstufe komplett fachfremde Lehrkräfte. Dass eine Geschichts- und Deutschlehrkraft sich einmal den Farbkreis ansieht und dann versucht, eine Klasse zu unterrichten, das geht langfristig vor allem auf Kosten von uns Schüler*innen. Dabei ist es mir doch als Schüler*in egal, ob meine Musiklehrkraft ein oder zwei Instrumente beherrscht, viel wichtiger ist mir, dass sie überhaupt gelernt hat, Musik zu unterrichten. Im Saarland kommt hinzu, dass man sich viel zu sehr auf die rheinland-pfälzischen Nachbarn verlassen hat. Dabei war es offensichtlich, dass bei einer größeren Studienauswahl und besserer Bezahlung von Lehrkräften in Rheinland-Pfalz, viele, die im Saarland Deutsch und in Rheinland-Pfalz Politik studieren mussten – da im Saarland nicht genügend Fächerkombinationen zur Verfügung stehen – langfristig in Rheinland-Pfalz bleiben.

Das Ergebnis dieser Misswirtschaft wurde in Zeiten von Corona noch einmal deutlicher sichtbar. Ein sowieso schon sehr enger personeller Rahmen gepaart mit massiven Krankheitsausfällen führte dazu, dass an manchen Schulen existenzielle Fächern wie Deutsch das ganze Jahr über nicht mehr unterrichtet werden konnten oder dass Lehrkräfte komplett überarbeitet und überfordert waren – vor allem die, die sich verantwortlich fühlten und versuchten, zum Wohle der Schüler*innen den Personalmangel durch die gleichzeitige Betreuung mehrerer Klassen oder durch abendliche Nachhilfestunden auszugleichen. Dass wegen des hohen Fächerausfalls dann viele Ausbildungsbetriebe melden, ihre Auszubildenden könnten nicht einmal mehr richtig lesen und schreiben (nach der neunten Klasse und dem Hauptschulabschluss), ist nicht nur erschreckend, sondern zeigt, welche langfristigen Folgen und Nachteile gerade dieser Lehrermangel für Schüler*innen und die Gesellschaft insgesamt hat.

Richtig spannend wird es dann, wenn man sich neben diesen Erfahrungen, die wir als Schüler*innen tagtäglich in der Schule gemacht haben und immer noch machen, einmal die Statistiken der Politik anschaut. Danach gibt es überhaupt keinen Lehrkräftemangel (oder zumindest keinen größeren als in den vergangenen Jahren). Im Schuljahr 2035/36 könnten laut der Kultusministerkonferenz 24.000 Lehrkräfte fehlen, hingegen kommt das Institut der deutschen Wirtschaft nach seinen Berechnungen sogar auf eine Lücke von 76.000 Lehrkräfte. Das ist doch eine deutliche Diskrepanz. Dies ist nur ein Beispiel dafür, wie

Statistiken der Kultusministerien oft Statistiken von nicht regierungsnahen Einrichtungen gegenüberstehen, welche auf wesentlich gravierendere Zahlen kommen. Wundern tut mich das nicht. Denn wenn eine Klasse ohne Lehrkraft Filme anschaut oder Ball spielt auf dem Pausenhof, um die Zeit herumzukriegen, die aber in der Statistik als Unterricht gewertet wird, ist klar, weshalb auf dem Papier der Lehrermangel weniger drückend ist. Aber worin liegt dann der Sinn von Schule? Oder vielmehr dieser Statistiken? Wie man so schön sagt: Traue keiner Statistik, die du nicht selbst gefälscht hast.

Neben diesen strukturellen Problemen hat der Lehrerberuf aber auch ein großes Imageproblem. Das hat mehrere Ursachen. Nach einem Workshop, den ich mal zum Thema Demokratie und Schüler*innenvertretungen an einer Schule mit Unterstufenschüler*innen gehalten habe, wurde ich gefragt, ob ich vorhätte, später einmal Lehrer zu werden. Das konnte ich zum Erstaunen des Fragenden klar verneinen, obwohl mir die Vermittlung von Wissen viel Spaß macht. Doch es gibt einen riesigen Unterschied zwischen den Seminaren, die ich halte, und dem täglichen Unterricht in einer Klasse. Während in der Schule gerade junge Schüler*innen mit großen Bewegungsdrang gezwungen werden, über sechs oder sieben Stunden unaufrichtiges Interesse zu zeigen, melden sich bei meinen Seminaren überwiegend Schüler*innen an, die wirklich Lust und Spaß am Thema haben. Das Arbeitsklima ist dann völlig anders.

Auch mir macht die in manchen Kreisen zunehmende Respektlosigkeit von Schüler*innen gegenüber ihren Lehrkräften Sorgen. Laut einer aktuellen Umfragen des Deutschen Schulportals sind Disziplinprobleme, fehlende Motivation und Gewalt sogar die größten »Herausforderungen« für Lehrer*innen derzeit. Wobei dies aus meiner Erfahrung heraus leider manchmal auch andersherum gelebt wird. Beides sind Entwicklungen, die durch die fehlende pädagogische Ausbildung von Lehrkräften im Studium sicherlich nicht gemildert werden. In schwierigen Situationen im Unterricht oder auf dem Pausenhof sind Lehrkräfte mit Aggressionen oft total überfordert oder ignorieren problematische Situationen einfach. Stefan H., 28, studierte auf Sekundarschullehramt im Fach Mathematik und erzählte in einem *Spiegel*-Interview: »Wir arbeiten zwar später als Pädagogen, werden im Studium aber schlecht darauf vorbereitet. So ging es in meiner ersten Vorlesung um pädagogische Theoretiker. Das war total trocken und hatte überhaupt nichts mit Schule zu tun. Auch in späteren Seminaren haben wir so gut wie nie über realen Unterricht gesprochen. Zwar war Migration ein Thema, aber eher die Gesetzeslage – wie man diese Kinder konkret besser eingliedern könnte, darüber haben wir nichts gelernt. Auch später im Studium gibt es so gut wie keine Kurse, in denen gelehrt wird, wie man richtig unterrichtet, mit verschiedenen Situationen umgeht, wie man sich durchsetzen kann oder mit Eltern sprechen soll. Auch die Praktika sind zu kurz, vor allem, weil man am Anfang nur nebensächliche Aufgaben übernehmen darf. Das Fach Bildungswissenschaften, das jeder Lehramtsstudent macht, ist in der Praxis ein Witz und zählt auch nicht viel. Wie gehe ich denn mit Spezialfällen wie Deutschproblemen, Behinderungen und Radikalisierungen um? Ich habe nicht den Eindruck, dass ich darauf ansatzweise vorbereitet werde. Das ist wirklich problematisch, vor allem angesichts der heutigen Situation: Flüchtlinge, Inklusion – das sind wichtige Themen. Es ist traurig, dass ein ausgebildeter Lehrer kaum Ahnung von diesen Gebieten hat.«

Höre ich dann Stimmen aus der Politik, die zum Beispiel fordern, Lehrer*innen aus der Pension zurückzuholen oder die Teilzeit abzuschaffen, dann denke ich mir: »Wie unattraktiv möchte man den Beruf noch machen?« Die Teilzeitarbeit war und ist ein bedeutender Attraktivitätsfaktor für den Lehrerberuf. Wenn er wegfallen sollte, würde sich das Nachwuchskräfteproblem nicht lösen, sondern weiter verschärfen, auch deshalb, weil sich die junge Generation nicht mehr so leicht mit der Verbeamtung locken lässt.

Eine andere Überlegung, die angestellt wurde, um dem Lehrkräftemangel zu begegnen, war, die Klassenstärken zu erhöhen. Die Größen, die als optimal beziehungsweise Obergrenze gesehen werden, variieren von Bundesland zu Bundesland. Hamburg oder Brandenburg sehen sie bei 28 Schüler*innen pro Klasse, Hessen, NRW und Baden-Württemberg bei 30, Bayern bei 33 und so weiter. Dass es auch Klassen mit 40+ gibt – über solche Zahlen wird in der KMK nicht laut gesprochen. Eine Erhöhung der Maximalgröße in Klassen ist aber etwas, das viele negative Folgen nach sich zieht. Gerade aus pädagogischer Sicht ist diese Maßnahme nicht vertretbar, da viele Schüler*innen individuelle Betreuung brauchen. Die Lehrkräfte würden noch weiter belastet und der Leistungsdruck auf Schüler*innen erhöht. Wobei sich mir an dieser Stelle die Frage stellt, wo denn die ganzen Schüler*innen rein körperlich hinsollen. Wenn jetzt schon teilweise bis zu 40 von ihnen in einem Raum sitzen, kommt dann das Klassenzimmer nicht irgendwann an seine Kapazitätsgrenze? Eine neue Zwischendecke einzuziehen, um eine zweite Etage zu bauen – das würden die meisten Schulen wahrscheinlich schon von ihrer baulichen Substanz nicht mehr hergeben.

Was tut die Politik, was tun die Länder, die so verbissen an ihrer Hoheit über das Bildungswesen festhalten? Dass die Verhältnisse unhaltbar geworden sind, musste inzwischen sogar die Kultusministerkonferenz anerkennen und hat 2015 – also schon vor Corona – die »Qualitätsoffensive Lehrerausbildung« gestartet. Doch die Ziele – mehr Digitales, mehr Praxis – scheinen nicht wirklich erreicht zu werden. Eine bundesweite Forsa-Umfrage unter Schulleitungen ergab: Bei 57 Prozent der Schulen fehlte mindestens eine Lehrkraftstelle, die eigentlich zur Verfügung stehen müsste, aber zu Schuljahrsbeginn nicht besetzt war. Im Durchschnitt 1,6 Stellen, was bei 32.000 allgemeinbildenden Schulen laut Forsa etwa 50.000 Stellen entspricht. Also muss weiter auf Quereinsteiger, reaktivierte Pensionäre und Vertretungslehrer gesetzt werden.

Aber im März 2023 gab die KMK eine Erklärung heraus, wie sie das Problem in den Griff bekommen will: Die Attraktivität und Wertschätzung des Berufs soll erhöht werden (top!), ausreichende Kapazitäten für die Lehrkräfteausbildung an Hochschulen bereitgestellt, bedarfsbezogene Lehramtsstudiengänge eingerichtet, einheitliche Parameter für die Ermittlung des Lehrkräftemangels ermittelt, der Quereinstieg und der Wechsel von anderen Studiengängen in Lehramtsstudiengänge erleichtert sowie die Möglichkeit, auch Lehrkräfte zu beschäftigen, die nur ein Fach unterrichten, geschaffen werden. Ob das was hilft? Nehmen wir sie beim Wort und fragen wir im Schuljahr 2035/36 einmal nach.

Die Forderung nach erleichterter Anerkennung von Abschlüssen ausländischer Lehrkräfte und von nicht-pädagogischem Personal in Verwaltung, IT oder Bibliotheken kann durchaus sinnvoll sein. Aber hier heißt es schnell sein! Solange sie noch nicht wissen, wie man in Deutschland mit Personal in der Schule umgeht und das Imageproblem nicht kennen, könnte man sich ihre Unwissenheit zunutze machen. Nein, Spaß! Das Imageproblem von Lehrkräften ist das größte Problem und macht sich schon im Studium bemerkbar. Von Lehramtsstudierenden im Saarland habe ich gehört, dass sie in uralten Seminarräumen unterrichtet werden, schon im Studium geringschätzige Kommentare zu hören bekommen oder von anderen Kommiliton*innen für ihre angestrebte Berufswahl belächelt werden. Dabei müsste sich jeder von denen mal an die eigene Nase fassen. Denn ohne Lehrkräfte könnten sie nicht studieren. Lehrkräfte bilden, oh Wunder!, nämlich einen Grundpfeiler unserer Gesellschaft. Ohne sie könnten wir alle nicht arbeiten, geschweige denn studieren, und es ist höchste Zeit, dass diese Wertschätzung, die Lehrer*innen eigentlich verdienen, ihnen sowohl vonseiten der Gesellschaft als auch in den konkreten Arbeitsbedingungen entgegengebracht wird.

Alles in allem braucht es also dringend Verbesserungen, sowohl in den Bildungsstrukturen als auch im Umgang mit den Lehrkräften. Wenn wir jetzt versuchen, fehlende Lehrstellen schnellstmöglich durch Quereinsteiger zu besetzen, denen die pädagogische Ausbildung vollkommen fehlt, ist das keine Lösung, die unseren Ansprüchen an das Bildungsland Deutschland genügen sollte. Schule muss als gemeinsamer Lebensraum gesehen werden und nicht nur als Ort reiner Wissensvermittlung. Dafür braucht es sowohl fachlich als auch pädagogisch gut ausgebildete Lehrkräfte. Das gilt für Kita, Grund- und weiterführende Schule und ist eigentlich banal! Warum passiert nichts?

Was sind die Anforderungen an Lehrkräfte beziehungsweise welche sind es gerade nicht? Mit zunehmender Digitalisierung verändern sich auch die Aufgaben von Lehrer*innen. Projektschulen zeigen, dass sich eine Lehrkraft von einer Vortragenden im Frontalunterricht zu einem Lerncoach als Begleiter für selbstständiges Lernen entwickeln kann. Dadurch wird auch eine bessere individuelle Förderung des/der einzelnen Schüler*in mit seinen/ihren Stärken und Schwächen möglich. Doch sah man gerade in den letzten Jahren, dass das, was von einer Lehrkraft gefordert wird, oft das übersteigt, was sie eigentlich leisten soll beziehungsweise gelernt hat. Vielleicht könnte es helfen, Lehramtsstudierende früher und umfassender in den Unterricht an Schulen einzubinden. Auch Praxissemester sollten frühestmöglich implementiert und ausgeweitet werden, um eine engere Bindung von Lehrer*innen und Schule zu ermöglichen und die Übernahme der Lehrkräfte nach dem Abschluss des Studiums in den Job zu erleichtern.

Vor allem sollten wir von der Vorstellung der allwissenden Lehrkraft abrücken. Das belastet alle ganz unnötigerweise, Lehrende wie Schüler*innen. Lehrer*innen vermitteln auch nur das, was sie selbst gelernt haben, und ihre Persönlichkeit wie Methodik haben Auswirkungen auf die Leistung der Schüler*innen – in allen Fächern, auch Mathematik, um mal mit einem weit verbreiteten Vorurteil aufzuräumen. Hierfür wäre eine stärkere Feedbackkultur wichtig. Regelmäßige anonyme Rückmeldungen vonseiten der Schüler*innen können nicht nur den Unterricht positiv beeinflussen, sondern auch eine gute und wichtige Rückmeldung für die Lehrkräfte sein, um sich persönlich weiterzuentwickeln.

Bei meiner Recherche bin ich auf einen spannenden Ausschnitt einer Vorlesung der bekannten Management-Trainerin Vera F. Birkenbihl gestoßen. Sie wurde gefragt, wie es sein kann, dass Männer, die ihrer Einschätzung nach eher unflexibel sind, die größte Gruppe unter den Lehrkräften an weiterführenden Schulen stellen, obwohl sie eigentlich in der Schule doch recht situativ handeln müssen? Sie antwortete: »Ich habe mit 1.800 Lehrern gearbeitet, aber außer einem *Nein-aber* hat man nicht viel bekommen, und diejenigen, die tatsächlich etwas bewegen wollten, wurden von den anderen ausgegrenzt. Es sind zwar mittlerweile mehr Menschen dazu bereit, etwas zu verändern, und es tut sich einiges. Aber immer noch steigt ein Drittel bei Veränderung aus, ein Drittel kämpft mit sich und dem System und nur ein Drittel ist bereit, einen neuen Weg einzuschlagen. Eine Harvard-Studie hat folgendes gezeigt: Man verfolgte Leute über 28 Jahre im wahrsten Sinne des Wortes mit Fragebögen, Interviews und so weiter und stellte eindeutig fest: Menschen lehren oder führen so, wie sie damals gelehrt oder geführt worden sind, da 80 Prozent über Imitation läuft. Und so wissen wir, wie schwer es ist, sich zu ändern. Wenn sie das selbst erfahren wollen, dann ziehen sie sich ab morgen den anderen Schuh zuerst an, und sie werden Monate brauchen, obwohl sie bemüht und hochmotiviert sind, weil jede Verhaltensveränderung sehr viel Zeit und Geduld braucht und die haben wir dann nicht. Weder die Lehrkräfte mit den Schüler*innen noch die Schüler*innen mit den Lehrkräften. Darüber sollte man reden, sagen, wir wollen gemeinsam neue Wege gehen und wir werden Probleme haben und uns gegenseitig stützen – dann funktioniert es.«

MEHR PRAXISNÄHE BITTE!

Wie könnte Schule eigentlich aus Sicht der Schüler*innen sein? In diesem Kapitel möchte ich drei Wünsche zusammenbringen, die in der Schule oft sehr viel weiter auseinanderliegen, als sie müssten: 1. die faktische Vermittlung von Wissen, 2. Spaß und Freude am Lernen in der Schule sowie 3. die Nähe zum wirklichen Leben.

Vera F. Birkenbihl erklärte einmal: »Lernen in der Natur – im Naturschutzgebiet verläuft es ›incidental‹, das kann man mit ›beiläufig‹ übersetzen. Ein ›Incident‹ im Englischen ist ein Ereignis. Es muss ihnen also etwas eigen werden, wenn sie lernen. Wenn sie sich langweilen, können sie nichts lernen. Das ist neurophysiologisch nicht möglich. Wir lernen also am besten spielerisch. Wir definieren Spiel nicht unbedingt mit Hahahaha. Gerade in Deutschland muss man immer erklären, dass ein Spiel notwendig ist, weil die Deutschen so antispielerisch eingestellt sind. ... Spielen heißt neurophysiologisch: ›S – P – I – E – L‹ – lernen passiert einfach immer (also incidentally), wenn die Sache entweder Sinn ergibt oder spannend ist.«

Auch ich bin ein Mensch, der vor allem gerne praktisch lernt. Etwas über Anwendungen zu lernen beziehungsweise einen Bezug des Gelernten zur realen Welt zu haben,

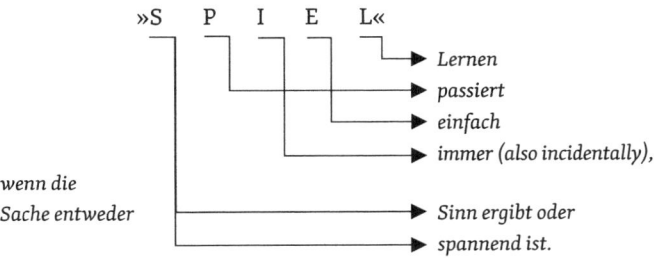

»SPIEL«

Lernen
passiert
einfach
immer (also incidentally),

wenn die Sache entweder

Sinn ergibt oder
spannend ist.

macht es vielen Menschen leichter, sich Dinge zu merken und komplexe Zusammenhänge zu verstehen. Es macht das Lernen auch angenehmer. Doch gerade in der Schule hat man oft das Gefühl, dass die Theorie zu sehr in den Vordergrund rückt, während die konkrete Entfaltung von Fähigkeiten und die Praxis vernachlässigt werden. In der Schule wird von Schüler*innen erwartet, 45 Minuten lang still zu sitzen und unaufrichtig Interesse zu zeigen. Lügen, Schummeln und Durchmogeln sind Qualitäten, die durch Desinteresse durchaus gefördert werden und möglicherweise sogar im späteren Leben nützlich sein können. Ist das aber das Ziel, wie Kinder unterrichten werden sollten?

Der bekannte Astrophysiker, Philosoph und Journalist Harald Lesch hat es in einem Interview einmal so auf den Punkt gebracht: »Mathe als praktisches Fach [heißt] Schüler*innen mit Menschen zusammenbringen, die jeden Tag Mathematik um sich herum haben. Grundrechenarten, Prozentrechnen, Dreisatz, Flächenberechnung, ... ganz einfache Dinge, um zu sehen, wofür braucht man das eigentlich. Aber nicht als total abstraktes Zeug mit irgendwelchen Mengen – davon wird man in seinem Leben nie wieder etwas hören.« Als bei uns im Saarland die Umstellung zurück von acht auf neun Gymnasialjahre erfolgte, hatte ich vor allem eine große Hoffnung: dass mit dem zusätzlichen Jahr an Zeit auch mehr Praxis in den Unterricht Einzug hält, mehr Exkursionen, mehr Experimente, die Aufnahme aktueller Themen aus der realen Welt in die Lehrpläne und mehr Schulpraktika.

Schulpraktika sind besonders wichtig. Statistiken zeigen, dass sich mehr als die Hälfte der Schüler*innen am Gymnasium nicht gut auf ihren beruflichen Werdegang vorbereitet fühlt. Viele Abiturient*innen haben nach ihrem Schulabschluss Probleme bei der Berufsorientierung. Es gibt an allen weiterführenden Schulen des Saarlandes nur ein verpflichtendes Schulpraktikum à zwei Wochen. An Gemeinschaftsschulen ist es frei wählbar. Gymnasiast*innen müssen es hingegen im sozialen Bereich absolvieren. Aber warum wird das so eng gehandhabt? Wäre es nicht besser, wenn Schüler*innen länger, also mindestens zweimal drei Wochen die Möglichkeit hätten, mehrere unterschiedliche Berufe kennenzulernen, die sie interessieren? Warum ist nur wenig bis gar keine Zeit in der Schule für eine gründliche Vor- und Nachbereitung und Evaluierung von Praktika vorgesehen? Schüler*innen sollten die Gelegenheit haben, ihre gesammelten Erfahrungen auszutauschen, um voneinander zu profitieren und zu lernen. Sie könnten als Multiplikatoren ihre Eindrücke und Erkenntnisse über verschiedene Berufe und Berufsfelder gezielt miteinander teilen und so die Lerneffekte von Praktika viel nachhaltiger gestalten. Warum werden nicht mehr Drittakteure wie Unternehmer*innen in die Schule eingeladen oder die Funktion eines Koordinators für berufliche Orientierung geschaffen, der als niedrigschwellige Anlaufstelle für Schüler*innen dienen und in Einzelgesprächen individuell auf ihre Anliegen und Interessen eingehen kann, um sie anhand ihrer wirklichen Bedürfnisse mit Blick auf einen späteren Beruf zu beraten?

Dass die Vernetzung von Schule mit der Wirtschaft sinnvoll ist, zeigen ein paar gute und erfolgreiche Projekte. So zum Beispiel das Netzwerk »SCHULEWIRTSCHAFT«, das es schon seit 70 Jahren gibt: In fast 400 regionalen Netzwerken und Arbeitskreisen in allen Bundesländern arbeiten Schulleiter*innen und Lehrkräfte mit Ausbilder*innen und Unternehmer*innen partnerschaftlich zusammen, um jungen Menschen eine praxisnahe Berufsfindung zu ermöglichen und ihnen so »den Weg in die Arbeitswelt zu ebnen«. Es gibt den jährlichen SCHULEWIRTSCHAFT-Preis und ein Berufswahlsiegel für Schulen mit vorbildlicher Berufsorientierung.

Ein weiteres Beispiel für die Zusammenarbeit mit externen Partnern, um Schule stärker auf die praktischen Bedürfnisse von Schüler*innen auszurichten, ist der »Zukunftstag«. Der Zukunftstag kommt in die Schulen, um Schüler*innen all das zu erklären, was die Schule ihnen nicht beibringt, was aber zu einem selbständigen und selbstbestimmten »Erwachsenenleben« dazugehört: Welche Versicherung brauche ich? Wie geht das mit dem Mieten einer Wohnung oder eines Zimmers? Was ist eine

Steuererklärung? Und so weiter. Eigentlich eine schöne Möglichkeit, diese wichtigen Themen in die Schule zu bringen, ohne gleich ein neues Fach einführen oder den Lehrplan ändern zu müssen.

Durch praktischen Unterricht, wie zum Beispiel Upcycling-Projekte, können Kompetenzen und Erkenntnisse in Themenbereichen wie Bildung für nachhaltige Entwicklung (BNE), Medien und Technik vermittelt werden. Auch die Ausweitung von Exkursionen und Projekttagen bietet da Optionen. Schule sollte insgesamt mehr zum Gemeinschaftsraum werden, um das Miteinander der Schüler*innen, ihre sozialen Kompetenzen stärker zu entwickeln. Denn diese »Soft Skills« – Teamfähigkeit, Einfühlungsvermögen, soziale Problemlösungskompetenz – sind es oft, die im späteren Leben für einen guten Job entscheidender sind als das rein fachliche Können. Sie werden den Schüler*innen im späteren Leben mehr Vorteile bringen als das verbreitete »Bulimie-Lernen«: vor der Prüfung reinfressen, in der Prüfung auskotzen, nach der Prüfung vergessen. Das Ziel von Schule im 21. Jahrhundert sollte nachhaltiger sein.

Günther Jauch sagte einmal in einem Interview: »Das Wort Bildung bedeutet nicht nur, Faktenwissen zu haben oder intelligent zu sein. Ganz einfach ausgedrückt, habe ich einen gebildeten Menschen vor mir, wenn er in der Lage ist, sein Leben sinnerfüllt zu gestalten. Das bedeutet, ein Mensch, der in sich ruht, der weiß, was er kann und was er nicht kann. Der sich bemüht, der Fleiß und Disziplin zeigt, der in der Lage ist, sozial mit anderen Menschen vernünftig zu interagieren und somit im Leben etwas darstellt. Dieser Mensch hat für mich zehnmal mehr Bildung im Leben als jemand, der formal drei Bildungsabschlüsse hat und damit prahlt.« Ich finde, das ist ein toller Gedanke, der genau widerspiegelt, mit welcher Einstellung wir an die Schule herangehen sollten.

Mehr Wahlmöglichkeiten

Deutsch, Mathe, Naturwissenschaften, Erdkunde, Geschichte, Musik, Religion oder Ethik, Sport und Kunst sind Fächer, die in der Unter- und Mittelstufe meist alle verpflichtend sind. Ab Klassenstufe 10 kann man dann auch fakultative Zusatzfächer wie beispielsweise Wirtschaftslehre, Philosophie oder Darstellendes Spiel wählen. Doch diese Auswahlmöglichkeiten sind noch lange nicht genug. Eine Lehrkraft schreibt in einer Kolumne im deutschen Schulportal: »In den letzten paar Gesprächen mit meiner Kollegin, bei der ich in vielen Pausen stehe, waren Aussagen einer Schülerin Thema. Die Schülerin hat dieses Jahr Abitur gemacht, war fleißig, interessiert und engagiert. Keine also, der man zutraut, nach zwölf Jahren Schule nachzutreten. Vielleicht irritierte die Kollegin genau aus diesem Grund der Bericht, den diese Schülerin in unserem Schulpodcast veröffentlichte. Sie sprach dort von Druck, von Lustlosigkeit, von Langeweile. Sie nahm Schule nicht wahr als einen Ort, bei dem es um sinnstiftende Bildung geht. Das ist fatal für eine Institution, deren Funktion es ist, für eine Bildung zu sorgen, die Mündigkeit hervorrufen und Orientierung in der Welt leisten soll. Die Schülerin ist mit dieser Beurteilung nicht allein. Dabei könnten wenige Veränderungen in der Struktur von Schule schon dafür sorgen, dass sie anders wahrgenommen würde.«

Eher unkonventionelle Fächer eröffnen also eine Möglichkeit für Schüler*innen, sich frei zu entfalten und ihre persönlichen Interessen zu erweitern. Die Möglichkeit, Bildung persönlicher und individueller zu gestalten, sollte gefördert werden. Auch, um eine einfache Kommunikation in einer globalisierten Welt zu erlauben, ist die Sprachenvielfalt und kulturelle Horizonterweiterung von großer Bedeutung. Zwischenmenschliche Grenzen sind einfach aufzuheben, indem man die Mehrsprachigkeit und kulturelle Bildung fördert. Dies ist nicht nur in der Schulzeit relevant, um eine soziokulturelle Basis aufzubauen, sondern hat auch im späteren Berufsleben einen hohen Stellenwert.

Im Saarland zum Beispiel habe ich das selbst erlebt. An Grundschulen ist es verpflichtend, Französisch als erste Fremdsprache zu lernen. An der weiterführenden Schule konnte ich dann Englisch und schließlich, wenn ich wollte, zusätzlich Latein oder Spanisch wählen. Französisch haben wir als erste Fremdsprache wegen der Grenznähe, aber spätestens, wenn die meisten Schüler*innen Französisch als erste Fremdsprache abwählen, was nicht selten vorkommt, und es schneller wieder vergessen, als sie es gelernt haben, ist unsere Frankreichstrategie wohl gescheitert. So oder so ist es schade, dass nicht mehr Freiraum und Vielfalt in der Wahl von Fremdsprachen geboten wird, und es braucht daher von Schule zu Schule variierende Fremdsprachen, um den sprachlichen und, damit verbunden,

den kulturellen Pluralismus zu fördern und den Schüler*innen eine persönlichere Bildung zu ermöglichen.

DigiTALiSiERUNG

Schauen wir in ein deutsches Klassenzimmer. Eine Kreidetafel, ein Schwamm in einem Eimer Wasser, der mittlerweile ein Eigenleben entwickelt hat, ein Pult, daneben ein Overheadprojektor, dieses Gerät, das irgendwann zwischen dem Ersten Weltkrieg und dem Mauerfall erfunden wurde, auf dem die Lehrkräfte den Schüler*innen seit Jahren ihre leicht vergilbten Folien präsentieren.

Dann: die Digitalisierung, der Digitalpakt, im Mai 2019 im Kraft getreten. Bereitgestellte 5 Milliarden Euro. 2020 noch einmal 1,5 Milliarden obendrauf als Rettung im Corona-Chaos. Wow, endlich bekommen alle Tablets. Die *Zeit* schrieb: »Das Saarland bricht voran, im Nu sind alle ausgestattet.« Dann nach dem Hype kommt die große Meldung: »Schüler*innen machen nur Quatsch damit. Müssen wir die Tablets strenger limitieren? Noch mehr Anwendungen sperren, gar wieder aus dem Unterricht verbannen? Nein, wenn man sich anschaut, wie diese Geräte eingeführt wurden. Sie wurden eingeführt, um sie zu haben, und es stellt sich für die Lehrer*innen die Frage, wie bekomme ich denn nun meine Overheadfolie in das Tablet.« Wenn das so ist, dann bedeutet dies aber doch: Oft ist eben nicht der vermeintlich schlecht umgesetzte Digitalpakt, sondern die tatsächlich schlechte Umsetzung bei der Nutzung das Grundproblem der mangelhaften Digitalisierung. Was ist übrigens mit der Software? Die braucht man nämlich. Wer stellt die bereit? Wer zahlt die? Die Hardware gehört nach der Anschaffung den Ländern. Aber wem gehören die Daten, auch die persönlichen, die im Laufe der Nutzungszeit entstehen? Müssen die später mit abgegeben werden?

Mittlerweile sind übrigens die meisten Gelder des Digitalpakts abgerufen worden. Bis August mussten die Bundesländer ihre Ergebnisse an das Bundesministerium für Bildung und Forschung (BMBF) senden, aber bis Mitte Mai 2024 (!) können wohl noch Förderanträge gestellt werden. Wir sind also gespannt auf die Evaluierung. Dennoch frage ich mich: Warum dauert es so lange, bis 6,5 Milliarden für die Digitalisierung in einem offenbar total undigitalisierten Sektor ausgegeben beziehungsweise abgerufen worden sind? Liegt das nur am bescheuerten Kooperationsverbot zwischen Bund und Ländern in Bildungsfragen, das irgendwie gesetzlich umgangen werden musste mit komplizierten, ländereigenen Förderrichtlinien? Liegt das nur an den fehlenden »Medienkonzepten« der Schulen, die erforderlich sind, damit Mittel beantragt werden können? Liegt das an der Angst vor Zusatzkosten? Auf jede der insgesamt rund 40.000 Schulen entfallen rein rechnerisch etwa 120.000 bis 125.000 Euro, bei 1.000 Schüler*innen pro Schule wären das ungefähr 125 Euro, bei 2.000 Schüler*innen ... na ja.

Auch wenn die Generation Z oder gar Alpha mit digitalen Endgeräten aufgewachsen ist – sie sinnvoll im Unterricht zu nutzen, will gelernt sein. Doch wie sollen die Schüler*innen das lernen, wenn nicht einmal die Lehrkräfte wissen, wie es geht und digital fortgebildet worden sind, ganz zu schweigen von irgendwelchen didaktischen Digital-Konzepten oder einer funktionierenden Lernplattform? Wenn also niemand weiß, wie man die Geräte einsetzen soll, wie kann man da erwarten, dass die Schüler*innen sie adäquat nutzen?

Natürlich ist es von zentraler Bedeutung, veraltete Geräte durch neue Medien auszutauschen, wobei es noch wichtiger ist, Lehrer*innen dabei zu unterstützen, Altes abzulegen und zu ersetzen. Alle Lehrkräfte sollten über ein eigenes Endgerät verfügen und wissen, wie es im Unterricht sinnvoll eingesetzt werden kann. Dafür bräuchte es aber verpflichtende Fortbildungen für Lehrkräfte, um einen zeitgemäßen Umgang mit den neuen Medien garantieren zu können. Sonst sind die, die es lernen sollen, denen, die es unterrichten sollen, in Sachen Digitalisierung immer eine Nasenlänge voraus – allerdings ist die Frage, ob die Schüler*innen die richtige Richtung einschlagen. Also: regelmäßige Fortbildungen und kontinuierliche Evaluierung von aktuellen Problemen, damit Schüler*innen und Lehrkräfte auf einem gleichen Niveau agieren können.

Zukünftig sollte das Thema Digitalisierung an Schulen bereits in das Lehramtsstudium einbezogen werden, damit angehende Lehrkräfte die spezifischen Fähigkeiten, die in der modernisierten und digitalisierten Arbeitswelt Schule zu erlernen sind, von Anfang an draufhaben. Zudem werden die Studierenden so frühzeitig darauf eingestellt, was es heißt, die neuen Medien im Unterricht anzuwenden. Hier könnte vor allem im Referendariat ein besonderes Augenmerk auf fächerübergreifende Medienkompetenzen gelegt werden.

Am sogenannten Tag der digitalen Bildung, der unter dem Motto »KI in Schule« stand, wurde ich auf einem Podium gefragt, wie meiner Meinung nach die Digitalisierung an Schulen mit Blick auf Künstliche Intelligenz in vier Jahren aussehen wird. Nach einigen Jahren als Schüler*innenvertreter nennen mich manche vielleicht Pessimist. Ich persönlich würde eher sagen: realistischer Optimist. Denn ich wäre froh, wenn es in vier Jahren erst mal eine funktionierende digitale Schulbuchausleihe, Microsoft-Programme für alle, ein didaktisches Rahmenkonzept und fortgebildete Lehrkräfte geben würde. Auch wenn wir jetzt schon über ChatGPT, KI-gestützte Stifte zur Schreibanalyse, Tracker an der Tafel zum Überprüfen der Aufmerksamkeit von Schüler*innen oder KI-gestützte intelligente Lerntools reden – das sind nur die Kirschen auf der Sahnetorte! Tolle zusätzliche Tools, welche, richtig angewendet, den Schulalltag sicherlich bereichern können, doch sollte das Ziel erst einmal eine verlässliche und solide Grundlage sein.

In anderen Bundesländern sieht es auch nicht besser aus als im Saarland. Nordrhein-Westfalen initiierte eine digitale Bildungsoffensive mit 2,6 Millionen Euro für digitale Lernmittel. Die erste Anschaffung war hier eine Dreijahreslizenz für eine Online-Version der Brockhaus-Enzyklopädie. Ist das moderne Bildung? Wohl eher nicht. Schulen, in denen das Verlegen des Netzwerkkabels daran scheitert, dass der Brandschutz das Bohren von Löchern durch Wände untersagt? Das hört sich an wie ein Schildbürgerstreich, ist aber Realität. Baden-Württemberg und NRW geben über 10 Millionen Euro für die Entwicklung der Lernplattformen »ella« und »Logineo« aus, die aus verschiedenen Bedenken lange nicht an den Start gehen konnten. Kein Wunder also, dass die Ende 2019 erschienenen Studie »Index of Readiness for Lifelong-Learning« vom Brüsseler Centre for European Policy Studies, die die Voraussetzungen für lebenslanges digitales Lernen misst, Deutschland auf dem letzten Platz sieht. Dem letzten! Die kleinen Niederlande sind hingegen ganz vorne dabei mit klaren Zielen für die Digitalisierung in der Bildung:

- Lehrer, Schulleiter und IT-Administratoren verbessern das Bildungsangebot, indem sie voneinander und von anderen Experten lernen.
- Schüler- und Lehrer*innen sind digital gebildet.
- Es wird nachhaltig der Fokus auf die Einhaltung ethischer Normen bei der digitalen Ausbildung gesetzt.
- Einsatz einer sicheren, zuverlässigen und zukunftssicheren Infrastruktur.
- Alle Ressourcen für das digitale Lernen helfen dem Nutzer.

Das sind doch Ziele, die auch Deutschland kompromisslos zu seinen eigenen machen könnte. Aber was wollen wir in einem Land erwarten, in dem die Behörden selbst das Wort Digitalisierung erst mal im (gedruckten) Wörterbuch nachschlagen müssen.

Die Umsetzung der Visionen einer digitalen Schule von morgen kann nicht mit einer Infrastruktur von gestern gelingen. Digitalisierung darf nicht am Schultor enden, sondern muss natürlich im Schulgebäude weitergehen. Digitale Kompetenz muss gleichermaßen von Lehrern, Schülern, aber auch Eltern erlernt und der Prozess gemeinsam gestaltet werden. Der unzureichende Fortschritt in der Digitalisierung, in der Medienkompetenz und insbesondere die fehlende, aber dringend benötigte Infrastruktur sind flächendeckende, bundesweite Probleme, die viele Bereiche der Gesellschaft betreffen. Auch im Bildungssektor macht die deutsche Bürokratie mehr Umstände als dass sie nützt. Und der Unterricht? Weder lernt man die vollen Möglichkeiten von digitalen Geräten zu nutzen noch erwirbt man die nötigen Kompetenzen, sich in einer digitalen Welt zurechtzufinden.

Dieser Kompetenzerwerb im Bereich digitaler Medien muss dabei sinnvolle Ziele haben. »Je mehr, desto besser« kann nicht die Devise sein. Der Fokus muss auf einer praxisorientierten Einbindung in den Unterricht liegen. Konkret verstehen wir darunter, dass jeder die Vorteile der vielfältigen Arbeitsweisen mit digitalen Medien kennenlernt, gleichzeitig aber auch über die vielfältigen Gefahren aufgeklärt wird. Unser Ziel sollte doch sein, dass digitale Medien vom Fremdkörper gleichsam zu einem digitalen, bewusst genutzten Körperteil werden. Der Bildungsföderalismus darf hierbei kein Hindernis darstellen. Stattdessen müssen sich die Kultusministerien untereinander austauschen, damit die Konzepte nicht 16-mal neu erfunden werden müssen und funktionierende Maßnahmen oder Plattformen auch in mehreren Bundesländern umgesetzt werden können.

Wenn wir uns nun ein digitales Klassenzimmer vorstellen oder darüber diskutieren, dann träumen wir – wie das Beispiel oben mit KI zeigt – meistens groß. Dabei könnte auch ein erster Schritt mit einer nur minimalen Grundausstattung schon ein erster großer Schritt sein: Klassenräume mit einem Ultrakurz-Distanz-Beamer, einem großen Whiteboard als Projektionsfläche, Lautsprechern und Wi-Fi-Display-Dongle – das ist ein hosentaschengroßes Gerät, das sich mit Computer, Smartphone oder Whiteboard verbindet und den Zugriff auf das Internet erlaubt. Der Vorteil dieser Lösung ist, dass hier ebenfalls mit einem wasserlöslichen Filzstift auf das Whiteboard geschrieben werden kann wie auf einer normalen Tafel. Die Lehrkraft beziehungsweise die Schüler*innen können aber den Bildschirminhalt ihres Endgerätes, zum Beispiel eines Tablets per WLAN über die Wi-Fi-Display-Dongle an den Beamer übertragen und auf das Whiteboard projizieren. Da die Bildschirmübertragung über eine Wi-Fi-direct-Verbindung erfolgt, können fast alle modernen Endgeräte verbunden werden, unabhängig vom Betriebssystem. Unabhängig davon können HDMI-kompatible Endgeräte auch per HDMI-Kabel an den Beamer angeschlossen werden. So könnte man vollständig auf festinstallierte Computer verzichten, Wartungs- und Anschaffungskosten erheblich senken. Und für Lehrkräfte wie Schüler*innen wird es deutlich einfacher, zu unterrichten oder zum Beispiel Referate zu halten. Es muss gar nicht der größte Hightech-Kram sein. Auch kleine Veränderungen können Großes bewirken.

Natürlich muss dafür im gesamten Schulgebäude eine flächendeckende WLAN-Abdeckung vorhanden sein. Alle Schüler*innen und Lehrkräfte erhalten eigene Login-Daten. Dies hätte den Vorteil, dass beispielsweise Gesetzesverstöße geahndet werden können, dies ist in öffentlichen WLAN-Netzen oft nicht der Fall. Außerdem ließe sich so sicherstellen, dass keine schulfremden Personen das WLAN-Netz nutzen können und Zugangsberechtigungen könnten individuell eingestellt werden. So kann zum Beispiel für Schüler*innen der Klassen 5 bis 9 der Internetzugang in den Pausen gesperrt sein, für Schüler*innen der Klassenstufen 10 bis 13 jedoch nicht.

Natürlich braucht es dafür Personal, das diese Dinge administriert und das bitte nicht Lehrkraft heißt. Und natürlich kostet es wieder Geld. Aber es ist halt wichtig, dass, angepasst an die Entwicklungen in der Ausstattung von Lehrer*innen und Schüler*innen, jeder Schule auch eigene Administrator*innen zur Verfügung gestellt werden, damit sie sich um die Funktionalität der neuen Medien und alle damit verbundenen Probleme kümmern können und die Lehrer*innen das tun können, was sie sollen: unterrichten. Auch die Wartung der Hardware, die regelmäßig erfolgen muss, sollte durch die schulspezifischen Administrator*innen – unterstützt zum Beispiel durch die Einbindung schuleigener Arbeitsgruppen (zum Beispiel der Informatik-AG) oder Lerngruppen – erfolgen.

Und werfen wir schließlich einen Blick auf die Schüler*innen. Sie sollten im Idealfall alle mit den gleichen Endgeräten und der gleichen vorinstallierten Software ausgestattet sein. Dabei ist auf ein einfaches Bedienen der Endgeräte und der Apps zu achten. Wichtige Schreibprogramme oder auch Cloud-Systeme sollten kostenlos zur Verfügung gestellt werden, damit alle Schüler*innen eine gleiche Grundlage beim digitalen Lernen haben. Eine Cloud bietet zudem die Möglichkeit, schulintern Lernstrukturen aufzubauen und zu gewährleisten, dass alle Schüler*innen rund um die Uhr auf Lernmaterialien zugreifen können. Das sollte keinesfalls so weit gehen, dass das analoge Arbeiten eingeschränkt oder gar *verlernt* wird. Deswegen sollte – obwohl es vielleicht für manche paradox klingt – die Nutzung von Stiften speziell für Tablets gefördert und mit in die Grundausstattung von Schüler*innen aufgenommen werden.

Ähnlich wie bei der Ausleihe physischer Schulbücher könnte für die Nutzung auf Endgeräten ein jährlicher Eigenbetrag zur Finanzierung erhoben werden. Schulbücher würden als digitale Kopie vorliegen und müssten nicht mehr extra angeschafft werden. Zudem ist es möglich, in digitalen Büchern Randnotizen zu machen, was im Normalfall bei gedruckten Werken verboten ist. Außerdem profitieren Schüler*innen von dem geringen Gewicht digitaler Endgeräte. Sozial schwächere Schüler*innen, die natürlich auch ein Anrecht auf Unterstützung bei der Schulbuchausleihe haben, sollten bei der Anschaffung von Hard- und Software finanzielle Unterstützung erhalten. Auch

WLAN-Sticks können Schüler*innen, denen zu Hause eine entsprechende Infrastruktur fehlt, zur Verfügung gestellt werden, um Nachteile zu verringern.

Apropos Infrastruktur. Eine funktionierende Infrastruktur im privaten Lernumfeld ist maßgeblich für Lernfortschritte von Schüler*innen, was in der Pandemie nochmals sehr deutlich wurde. Alle Schüler*innen müssen den gleichen Zugang zu internetbasierten Medien und Aufgabenstellungen haben, um den Anschluss an die Unterrichtsinhalte nicht zu verlieren und nicht Gefahr zu laufen, wegen einer wirtschaftlich schwächeren Lage der Eltern im Bildungsstand abzusacken. Chancengleichheit – besonders auf sozialer Ebene und unabhängig von der sozialen Herkunft des/der Schüler*in – ist ein hohes Gut, das auch künftig auf der Prioritätenlisten ganz oben stehen muss.

Aber nicht nur Lehrkräfte und Schüler*innen müssen in diese fremde Welt eingearbeitet werden, auch Eltern sollten neue Entwicklungen und Medienkompetenz nähergebracht werden. So ist es zunächst wichtig, die Erziehungsberechtigten regelmäßig darüber zu informieren, wie sich der Umgang mit digitalen Medien ändert, damit sie Ihre Kinder unterstützen können. Da hier die Möglichkeiten, Einfluss zu nehmen, oft nicht so groß sind, ist es wichtig, dass der Kontakt zwischen Eltern und Lehrkräften vor allem auf allgemeinen Informationsveranstaltungen genutzt wird, um für Aufklärung zu sorgen und klarzustellen, dass für sozial schwächere Familien (diskrete) Fördermöglichkeiten bestehen, um ihren Kindern gleiche Chancen zu garantieren.

Auch wenn die heutige Schülerschaft mit digitalen Endgeräten aufwächst, kann man nicht davon ausgehen, dass wir alle auch wissen, wie man im Unterricht sinnvoll mit ihnen umgeht. Es braucht an Schulen mehr Stellen für Medienpädagogen und Fachkräfte mit dem nötigen Knowhow und an den Unis mehr Ausbildungsplätze, um den Umgang mit Medien und den entsprechenden digitalen Endgeräten nachhaltig gestalten und vermitteln zu können.

Warum gibt es keine Unterrichtseinheiten beziehungsweise ein Unterrichtsfach, das ab der fünften Klasse den grundsätzlichen Umgang mit Medien und die damit verbundenen Kompetenzen vermittelt. Im Verlauf der Schulzeit könnte so eine Lehreinheit in ein informatikbasiertes Fach übergehen, um Kinder und Jugendliche auf die Erfordernisse einer globalisierten Berufswelt vorzubereiten. Wie schon gesagt: Die Umsetzung der Visionen einer digitalen Schule von morgen kann nicht mit der Infrastruktur von gestern gelingen. Lasst die Digitalisierung nicht am Schultor enden.

Leistung und Notengebung in der Schule

Bitte beantworten Sie die folgende Frage einmal ehrlich für sich selbst: »Wenn Sie die Augen schließen und an Ihre Schulzeit denken, was ist das Erste, das Ihnen einfällt?« Sollte die Antwort in die Richtung gehen: »Ein Gefühl von gepflegter Langeweile und von Marathonlauf, den man halt zu Ende bringen muss?« Oder von: »Das Pferd springt immer nur so hoch, wie es gerade muss«? Oder macht sich in Ihnen gerade die unangenehme Erinnerung an schlaflose Nächte und Panikattacken vor Arbeiten oder gar wegen Mobbings breit? Dann sollten Ihnen zwei Dinge bewusst sein: Erstens, diese Schule kann nicht gesund sein. Und zweitens: Wir sollten uns einmal anschauen, wie sich Leistungsdruck auf Schüler*innen auswirkt und warum es vielleicht nicht immer ratsam ist, den Wünschen der Didaktiker nach Notengebung zu folgen.

Hierfür würde ich Ihnen gerne ein Erlebnis schildern, das mir die ganze Problematik und das Ausmaß von übermäßigem Leistungsdruck vor Augen geführt hat. Es war der bildungspolitische Abend der Bundesschülerkonferenz in Berlin. Traditionell gibt es hier immer eine Podiumsdiskussion mit Politiker*innen. Unter anderem ging es um das Thema Noten und welche Rolle sie heute noch spielen sollten. Ein Bundestagsabgeordneter der CDU argumentierte in diesem Rahmen sehr nach den Vorstellungen unserer deutschen Leistungsgesellschaft. Es brauche Noten, weil sie neutral, klar, aussagekräftig seien und vor allem die Vergleichbarkeit von Leistungen gewährleisten würden. Ich hielt dagegen. Wie dem auch sei. Nach dem Abschluss der Podiumsdiskussion sprach mich eine Kellnerin an und sagte, dass sie es toll fände, dass endlich mal jemand gegen Schulnoten und diesen Leistungsdruck argumentiert hätte. Sie erzählte sie mir von einer Erfahrung, die sie in ihrer Schule gemacht hatte, die mir bis heute nicht aus dem Kopf geht und über die ich lange nachgedacht habe.

Die Frau, die dort als Kellnerin arbeitete, ging früher auf eine Ballettschule. Der Leistungsdruck, die besten Noten haben zu müssen, war so groß, dass Schüler*innen schon in den unteren Klassen dazu übergingen, Nägel von unten durch die Ballettschuhe von anderen zu stecken, damit die Mitschüler*innen sich beim Anziehen den Fuß verletzten und nicht mehr tanzen konnten. Oder – da die Schule viele internationale Schüler*innen hatte – den Übersetzer*innen absichtlich etwas Falsches sagten, um ihren Kommiliton*innen Informationen, die wichtig gewesen wären, vorzuenthalten. Dass Schüler*innen schon in jungen Jahren zu solchen Mitteln greifen, um ihre »Konkurrenz« auszuschalten, hat mich schockiert. Wir sprechen von Kindern. Natürlich mag dies ein krasser Fall sein und nicht die Regel. Doch wenn man sich auf den Sozialen Medien umschaut, findet man viele Schüler*innen, die von Depressionen und anderen schlimmen psychischen Problemen erzählen, die von großem Leistungsdruck und dem ständigen Verglichenwerden in der Schule kommen. Leistungsdruck hat nichts mit gesundem Lernen zu tun.

Eine FDP-Politikerin argumentierte, man brauche Noten, um den Wettbewerb anzukurbeln, da nur so die Schüler*innen untereinander zu besseren Leistungen motiviert würden. Schule wird hier zum marktwirtschaftlichen Akteur gemacht, der mit Preisgeldern und Förderungen belohnt wird, wenn er besonders leistungsstark ist, damit andere sich motiviert fühlen, nachzuziehen. Dass Privatschulen in diesem Zusammenhang finanziell immer besser gestellt sind und so noch weiter belohnt werden, während Brennpunktschulen zeitlich, personell und finanziell bei diesem Wettbewerb auf der Strecke bleiben, wird oft nicht bedacht. Mit der Bildung von Kindern und Jugendlichen sollte man kein Spiel treiben. Alle, unabhängig von ihren Voraussetzungen, sollten denselben Zugang zu guter Bildung haben können.

Welche alternativen Konzepte existieren zur klassischen Notengebung? Werfen wir einen Blick auf die PISA-Studie, die gerne herangezogen wird, wenn man das deutsche Bildungssystem mit anderen vergleicht. Das mache ich jetzt auch einmal. Da steht an der Spitze zum Beispiel Estland. Hier wird neben den Noten sehr stark darauf gesetzt, den Schüler*innen ein individuelles Feedback zu geben. Warum ein schriftliches und verbales Feedback viel aussagekräftiger sein kann als Noten in Form von reinen Zahlen, wird deutlich, wenn wir uns anschauen, was Noten eigentlich aussagen und welche Informationen für den/die Schüler*in und seine/ihre Entwicklung wirklich wichtig wären.

Noten geben im besten Fall lediglich den Ist-Leistungsstand zu einem bestimmten Zeitpunkt wieder. Sie zeigen in keiner Weise, wie sich der Schüler oder die Schülerin entwickelt haben, wo sie gestartet sind und wohin sie es geschafft haben. Es wäre für mich als Schüler*in viel wichtiger zu erfahren, wie Lehrer*innen meine Veränderungen im Laufe der Zeit sehen. Wo habe ich mich verbessert, wo habe ich mich vielleicht verschlechtert? Was könnte ich noch besser machen? Das lässt sich prima in einem schriftlichen Feedback wiedergeben. Solche Informationen bringen Schüler*innen weiter und nehmen gleichzeitig den Druck, sich ständig mit anderen Menschen vergleichen zu müssen, die meist vollkommen unterschiedliche Voraussetzungen haben. Wer erinnert sich nicht daran, wie nach einer Mathearbeit angstvoll die Ergebnisse verglichen wurde und es nach Verkündung der Noten hieß: »Und, was hast Du?« Ganz zu schweigen davon, dass eine Eins, Zwei oder Drei auf einem Zeugnis in NRW, Bayern oder Bremen keinerlei echte Vergleiche zulässt.

Stellen Sie sich vor ein/e Legastheniker*in und ein/e sprachlich sehr begabte/r Schüler*in werden gemeinsam eingeschult. Sie schreiben die erste Klausur. Der/die Legastheniker*in hat eine Fünf, der/die andere Schüler*in eine Eins. Die Jahre vergehen. Der/die Legastheniker*in arbeitet sehr hart an sich und schafft es, bei der nächsten

Klausur viel weniger Rechtschreibfehler zu machen – er/sie bekommt eine Vier. Der/die andere Schüler*in ist ja sowieso gut, muss also nichts mehr machen und kommt locker wieder auf die Eins. Das bedeutet aber: Für den/die Legastheniker*in ist es von Anfang an viel schwieriger, eine Eins zu erreichen. Die »Leistungen«, die sie oder er erbringen muss, sind viel höher als bei der anderen Person. Dennoch wird der/die Legastheniker*in immer denken, dass sie schlechter war, da in der »Leistungserhebung« rein der Ist-Stand und nicht die Entwicklung berücksichtigt wird. Auch in der Außenwahrnehmung bleibt der/die Legastheniker*in immer der/die schlechtere Schüler*in, wobei er oder sie doch vielleicht viel mehr leisten musste als das begabte Kind, um auf eine ähnlich gute Note zu kommen.

Wir versuchen also, mit einem einheitlichen System völlig unterschiedliche Menschen zu bewerten. Das ist, als ob ich Äpfel mit Birnen vergleiche. Das funktioniert einfach nicht und sagt wenig über die Leistungen und vor allem die Leistungsbereitschaft von Menschen aus. Das Bildungssystem braucht Veränderungen. Man kann darüber diskutieren, ob oder ab wann man Noten in Zahlen vergeben sollte oder nicht. Jedoch wäre die verpflichtende Ergänzung durch ein schriftliches Entwicklungs-Feedback zumindest ein wichtiger erster Schritt, um die Qualität und Nützlichkeit von Bewertungen für Schüler*innen zu erhöhen.

Man müsste außerdem mal darüber diskutieren, ob Frontalunterricht noch die dominierende Form der Wissensvermittlung in der Schule sein sollte und ob das Abweichen von der klassischen 45-Minuten-Stunde nicht eine kreative Möglichkeit sein könnte, den Unterricht flexibler zu gestalten. Durch die Aussetzung des Präsenzunterrichts in der COVID-19-Pandemie mussten die Schüler*innen sich gezwungenermaßen an neue Formate des selbstständigen Lernens gewöhnen. Einige blühten dabei auf, während andere den Anschluss verpasst haben. Was bleibt ist die Erkenntnis: Veränderte Bedingungen zwangen dazu, neue Konzepte auszuprobieren.

Um neue Lernkonzepte in der Schule einführen zu können, bedarf es aber einer engen Zusammenarbeit mit den Beteiligten vor Ort und den Vertreter*innen der Bildungswissenschaft. Und es braucht viel Bereitschaft in der Politik, sich zum Wohle von Kindern und Jugendlichen und einer zukunftsorientierten Schule von parteispezifischen Klischees zu lösen und umzudenken.

DEMOKRATIE UND SCHULE I:
DER POLITIKUNTERRICHT

In einer demokratisch-sozialen Gesellschaftsstruktur ist es wichtig, Schüler*innen schon früh zu zeigen, was es bedeutet, Demokratie zu leben und zu fördern. Die demokratische Teilhabe junger Menschen ist nicht nur essenziell für die Gegenwart, sondern auch maßgeblich für die Zukunft. Je früher Vielfalt in einer Demokratie erlebt wird, desto größer ist das Verständnis eines/r Heranwachsenden für diese liberale Form von Staat und Gesellschaft. Denn eine Demokratie gelingt nur mit demokratischer Bildung.

Studien zeigen, dass mancherorts das Fach Politik in der Schule mehr als 4 Prozent der Unterrichtszeit ausmacht, in anderen Bundesländern jedoch nicht einmal 1 Prozent. Das bedeutet, es hängt vom Wohnort der Schüler*innen ab, wie viel sie über Politik und Teilhabe lernen. Gerade jungen Schüler*innen wird politisches Wissen regelrecht vorenthalten. In Thüringen, im Saarland, in Baden-Württemberg, Sachsen-Anhalt und Niedersachsen erhalten die Schüler*innen an Gymnasien frühestens ab Klasse 8 Politikunterricht, in Bayern sogar erst ab Klassenstufe 10. Wie passt das mit dem Ziel zusammen, mündige und differenziert denkende Menschen zu formen, denen Politik nicht egal ist? Denn Politik – so sagte es Alfred Grosser einmal – ist der Ort, wo wir darüber entscheiden, wie wir in Zukunft leben wollen. Müsste es da nicht klar sein, dass Kinder so früh wie möglich Zugang zu politischem Grundlagenwissen und Techniken der Teilhabe und Entscheidungsfindung bekommen? Zwar haben bereits einige Länder angekündigt, den Politikunterricht stärken zu wollen, doch sind wir noch lange nicht da, wo wir hinkommen sollten. Die Jugend ist politischer denn je, junge Menschen wollen sich in die Politik einbringen und aktiv mitentscheiden, was man nicht zuletzt an der Debatte über die Senkung des Wahlalters merken kann.

Bleiben wir mal kurz dabei. Das Thema Senkung des Wahlalters ist ein spannendes. Persönlich wäre ich ja dafür, mit 16 vollumfänglich wählen gehen zu können, doch es gibt auch Gegenstimmen: Zum einen wird die Nichtumsetzung oft damit begründet, dass nicht alle jungen Menschen wählen und mitentscheiden wollen. Hier wird aber oft vergessen, dass es sich beim Recht, wählen zu können, um eine Mitbestimmungsmöglichkeit handelt und nicht um eine Pflicht. Das gilt ja auch für Menschen über 18. Sehen Sie sich doch mal die aktuellen Wahlbeteiligungen an, oft geht ein Drittel der Wahlberechtigten nicht zur Urne – rosig ist das nicht. Aber das Wahlrecht wird ihnen deshalb ja trotzdem nicht vorenthalten. Zum anderen heißt es, wenn man jetzt einen 16-Jährigen auf der Straße nach unserem politischen System befragte, würden sich viele damit gar nicht auskennen. OK. Jetzt schießt mir natürlich zum einen durch den Kopf: Sieht es da bei Menschen um die 40 immer so viel besser aus? Zum anderen: Wie wäre es da denn mit etwas mehr politischer Bildung vor der 8. oder 10. Klasse? Ich vergleiche es mal damit: Hätte man vor der Heruntersetzung des Mindestalters für den Führerschein auf 18 Jahre beziehungsweise 16 Jahre junge Menschen nach der Straßenverkehrsordnung befragt, hätten wohl die wenigsten qualifizierte Antworten geben können. Warum sollten sich dann jetzt schon junge Menschen mit unserem politischen System befassen, wenn sie wissen, dass sie erst mit 18 Jahren wählen dürfen? Und wenn die Antwort kommt, dass es schon immer so war, das sei historisch begründet, stelle ich mir die Frage, ob wir nur deshalb keine Elektroautos fahren dürfen, weil unsere Großväter früher die Dampfmaschine erfunden haben. Unsere Zivilisation, die ganze Welt ist im Wandel, und daran muss man sich nun mal anpassen. Und auch die Aussage, dass man im Alter von 16 noch nicht die Reife besitze, differenzierte Entscheidungen zu treffen, kontere ich gerne mit der Frage, ob sehr alte Menschen das denn wirklich immer besser können – und trotzdem haben wir kein Limit oder keine Empfehlung wie beim Autofahren, bis zu welchem Alter man wählen respektive fahren sollte. Es geht um Teilhabe und Interessendurchsetzung. Haben die Erwachsenen etwa vor den Interessen der Jugendlichen Angst? Eine Wähler*innengruppe mehr, auf die man Rücksicht nehmen müsste?

Zurück zum Politikunterricht. Studien zeigen klar, woran es beim Politikunterricht hapert und welche Auswirkungen das haben kann. An der aktuellen CIVIC Education

Study (2017) nahmen 1.451 Schüler*innen aus Nordrhein-Westfalen teil. Folgendes ist zu lesen: »Im europäischen Vergleich ist das politische Wissen bei 14-jährigen Schüler*innen in Nordrhein-Westfalen allerdings eher gering ausgeprägt. In keinem anderen teilnehmenden Schulsystem, ausgenommen Bulgarien, ist das politische Wissen und Argumentieren so stark mit Aspekten der familiären Herkunft der Schüler*innen verbunden. Fraglich ist, inwiefern das Einbringen aktueller politischer Fragestellungen durch die Schüler*innen, die Behandlung von klassischen Themen wie Wahl und Gesetzgebung im Unterricht sowie die rechtlich garantierten Möglichkeiten der Schülerpartizipation genutzt werden, um kontrovers und multiperspektivisch ein vertieftes konzeptuelles Verständnis zivilgesellschaftlicher politischer Prozesse und Fragestellungen zu ermöglichen.« Ups! Einfacher gesagt: Deutschland, hier im Speziellen Nordrhein-Westfalen, steht im europäischen Vergleich an vorletzter Stelle.

Aber gut, wir vermitteln vielleicht rein quantitativ zu wenig, da wir zu wenig Lehrkräfte und Stunden zur Verfügung haben, aber die Qualität des Unterrichts ist bestimmt echt top! Immerhin ist »Made in Germany« international für gute Qualität bekannt. Naja, eine Studie von Manzel und Gronostay untersuchte erstmals das Qualitätsmerkmal der kognitiven Aktivierung im Politikunterricht. Dazu wurden 11 Klassen mit rund 300 Schüler*innen videografiert. Das Ergebnis: »Die Unterrichtsthemen sind überwiegend von aktueller Relevanz, es werden aber nur gelegentlich Bezüge zur Aktualität der Fälle/Ereignisse hergestellt.

Zu diagnostizieren ist nach dieser Studie eine wenig gehaltvolle Unterrichtsgestaltung, die kaum kognitiv aktiviert. Nicht nur, dass Schüler*innen zu wenig Wissen vermittelt bekommen, der Politikunterricht scheint auch von geringer Qualität zu sein. ›Der Politikunterricht fordert möglicherweise zu wenig zum Nachdenken, Problemlösen und Bewältigen neuer Aufgaben heraus. Ein hohes Faktenniveau und das Memorieren für Klassenarbeiten sind nicht kognitiv aktivierend. Geringe Anforderungen führen nicht zu nachhaltigem Lernen. Qualität erfordert neue Ausbildungskonzepte, die konzeptuellen Wissensaufbau und kognitive Aktivierung berücksichtigen. Der ernüchternde Befund in der Zusammenschau ist, dass der Politikunterricht ein Qualitätsproblem hat‹«, heißt das Fazit von Georg Weißeno, einem deutschen Politikwissenschaftler mit Schwerpunkt Politikdidaktik, nach Auswertung mehrerer Studien zum deutschen Politikunterricht.

Eine weitere Studie der Friedrich-Ebert-Stiftung beschäftigte sich unter anderem mit der Auswirkung des Politikunterrichts auf das Engagement von Schüler*innen sowie deren Einstellung zu Wahlen. Hier zeigte sich zum einen, dass eine höhere Anzahl von Unterrichtsstunden im Fach Politik mit einem ausgeprägteren Engagement einhergeht. Zum anderen empfanden Schüler*innen, die nur zwei oder weniger Stunden Politikunterricht hatten, zu 24 Prozent, dass Wahlen unwichtig seien, während dieser Wert bei Schüler*innen, die mehr als zwei Stunden Politikunterricht hatten, auf 4 Prozent sank! Das ist doch enorm. »Junge Menschen, die einer Partizipation distanziert gegenüberstehen, setzen sich häufig nur im Politikunterricht mit politischen Fragen auseinander. Angehörige dieser Gruppe können oft nur durch politische Bildung für eine politische Beteiligung gewonnen werden, da aus ihrem sozialen Umfeld nur wenige Impulse für eine solche kommen. Diese Erkenntnisse unterstreichen, dass eine politische Diskussion über den Stellenwert und die Ausrichtung des Politikunterrichts in Schulen und die öffentlich organisierte und finanzierte politische Bildung insgesamt notwendig ist«, schreibt die Friedrich-Ebert-Stiftung in ihrem Fazit.

»Schon im Grundschulalter entstehen politische Wertorientierungen, Kinder entwickeln Vorstellungen davon, ob ihnen zum Beispiel eher Gleichheit wichtig ist oder das Recht auf Eigentum«, sagt der Soziologe Reinhold Hedtke von der Uni Bielefeld in einem Interview mit der *Süddeutschen Zeitung*. »Es ist bedauerlich, wenn Schülerinnen und Schüler erst so spät die Möglichkeit bekommen, sich mit anderen darüber auszutauschen und Verständnis für deren Perspektiven zu entwickeln.«

Schaut man sich frühere Rankings an, wird deutlich: Verbessert hat sich in der Regel die Situation nur an den Gymnasien, für die die meisten Länder ohnehin mehr Politikunterricht vorsehen als für die übrigen Schulformen. Dies erklären auch die Ergebnisse der Studie der Friedrich-Ebert-Stiftung. Während bei Schüler*innen, die ein Abitur anstreben, die Wahlbeteiligung bei 89,6 Prozent lag, lag die Wahlbeteiligung bei Schüler*innen auf berufsbildenden Schulen nur bei 56,2 Prozent. Auch beim außerschulischen Engagement zeigen sich Unterschiede. Schüler*innen mit Studienabsicht engagierten sich deutlich mehr als Schüler*innen, die kein Studium anstreben.

Doch was bedeutet dies jetzt für unser Bildungssystem? Politik muss ein Pflichtschulfach in der Sekundarstufe I werden. Politische Bildung ist wichtig und wirkt Politikverdrossenheit entgegen. Zudem ist die Stimme von Jugendlichen essenziell für das aktuelle Politikgeschehen und sollte daher durch Politik als Pflichtschulfach gestärkt werden. Die Komplexität von Politik verlangt, dass der Unterricht sehr früh beginnt und jugendnah gestaltet wird. Da ist die heutige Gestaltung des Politikunterrichts, wo es vorwiegend um politische Theorie geht (Strukturen, Historie und Ideologien), weit von entfernt.

Wir brauchen einen spannenden und ansprechenden Politikunterricht, der sich auch mit aktuellen Ereignissen auf angemessene Weise auseinandersetzt. Hier können jugendfreundliche Materialien wie der Wahl-O-Mat einbezogen werden. Die Schüler*innen müssen im Politikunterricht über Partizipationsmöglichkeiten und vor allem die Rechte ihrer Vertretungen auf allen Ebenen ausreichend informiert und ernstgenommen werden. Leider ist es keine Seltenheit, dass Lehrkräfte fachfremd unterrichten, was zur Folge hat, dass der Unterricht noch weiter an Qualität verliert. Eine ständige Aktualisierung der Curricula ist gerade im Fach Politik zwingend notwendig. Zugleich sollte es Evaluierungen geben und ein Akzent auf die Fortbildungen der Lehrkräfte gelegt werden. Sie sollten hierbei in der Lage sein, einen methodisch und didaktisch vielfältigen

Unterricht zu gestalten und Schüler*innen für Politik zu begeistern, zum Beispiel durch offene Diskussionsrunden, Redewettstreits, Referate, Probeabstimmungen bei Wahlen und vieles mehr. Und wie steht es darum, politische Akteure in die Schule einzuladen und sich mit ihnen vor Ort aktiv und kritisch auseinanderzusetzen? Das ist ein weiteres Problem, das einem realitätsbezogenen Unterricht entgegensteht. Denn einige Kultusministerien untersagen einen ständigen Austausch zwischen Schüler*innen und Politik in der Schule. Das halte ich für völlig falsch. Für einen praxisorientierten Politikunterricht wäre es wirklich wünschenswert, dass die für die Ressorts Bildung und Schule zuständigen Landesbehörden die notwendigen Impulse setzen, diesen Austausch juristisch zu legitimieren. Wenn politisch Handelnde lernen, Schüler*innen ernst zu nehmen, dann nehmen auch Schüler*innen die politisch Handelnden ernst – so ernst wie es Bürger*innen in einer Demokratie tun sollten.

Demokratie und Schule II: Schülervertretung und Mitbestimmung

Wie Sie vielleicht gelesen haben und sich nach all diesen Seiten mittlerweile denken können, habe ich in den letzten Jahren mal mehr, mal weniger gute Schulmitbestimmung erleben dürfen, habe über Schülervertretung aufgeklärt und für die Ausweitung der Rechte von Schüler*innen gekämpft. Wie das kam, möchte ich an dieser Stelle gern erzählen.

Ich war nicht immer so aktiv. Bevor ich nach Bayern zog, wo ich eine Zeitlang gelebt habe, war ich mehr der ruhige Außenseiter. Alles begann, als ich zurückkam. Zuerst ganz klein als Klassensprecher. An der katholischen Privatschule, auf der ich in dieser Zeit noch war, gab es die sogenannte »QuEKS« – Qualitätssicherung an katholischen Schulen. Es gab Arbeitsgruppen, wo Lehrkräfte und Schüler*innen gemeinsam versuchten, die Schule bei Themen wie Umwelt und Pausenhofgestaltung, Zeiten und Taktungen oder Schulklima zu verbessern. Dort lernte ich zum ersten Mal, dass Schüler*innen die Möglichkeit haben, durch eigenes Engagement Schule mitzugestalten. Dann bekam ich von meiner Schulleitung eine Einladung für das Seminar »Schule-Schüler-Mitbestimmung« der Landesschülervertretung des Saarlandes in die Hand gedrückt. Dort wurde meine Begeisterung geweckt, quasi Lobbyist der überhörten Schüler*innen zu werden. Mit 15 Jahren stellte ich mich zur Wahl für den Vorstand der Landesschülervertretung (LSV).

Was eigentlich eine Landesschülervertretung? Nach ihrer gesetzlichen Definition ist die LSV Saar die Interessenvertretung aller Schüler*innen des Saarlandes. Sie hat die Aufgabe, ihre Positionen und Bedürfnisse in die Bildungspolitik einzubringen und diese mitzugestalten. Dazu erarbeitet sie inhaltliche Positionen, betreibt Öffentlichkeitsarbeit und diskutiert in regem Austausch mit dem Ministerium für Bildung und Kultur, den Parteien, den Lehrergewerkschaften, Elternvertretungen und deren bildungspolitisch relevanten Gruppen, um möglichst viel zur Umsetzung zu bringen. Man muss Mehrheiten sammeln, viel Überzeugungsarbeit leisten. Es ist Politik von Schüler*innen für Schüler*innen.

Besonders die Anhörungsverfahren des Ministeriums, des Landtags sowie einzelner Landtagsfraktionen sind *die* Gelegenheit, um Bildungspolitik mitzugestalten. Eine LSV pflegt gute Kontakte zu allen wichtigen Organisationen. Darüber hinaus werden inhaltliche Positionen ausgetauscht, Vereinbarungen getroffen und gemeinsame Strategien erarbeitet. Diese Beteiligung ist enorm wichtig: Schüler*innen sind die größte Gruppe innerhalb der Schulgemeinschaft und – ehrlich gesagt – auch die wichtigste. Schließlich macht man Schule für sie, und sie sind

Expert*innen in eigener Sache. Daher müssen ihre Vorstellungen immer wieder kompetent und hartnäckig eingebracht werden. Ebenso wichtig wie die Beteiligung an bildungspolitischen Entscheidungen ist die Unterstützung der Schüler*innenvertretungen an den einzelnen Schulen in Form von Seminaren, Lehrgängen und individuellen Beratungen. Schlagkräftige SVen tragen enorm zur Schulentwicklung bei sowie zur Demokratieerziehung. Durch ihre Aktivitäten will die Landesschülervertretung möglichst viele Schüler*innen zur Beteiligung an politischen Diskussions- und Entscheidungsprozessen motivieren. Und: Die Landesschülervertretung handelt strikt überparteilich.

Wenn man sich die SV-Strukturen im Saarland ansieht, merkt man schnell, dass ein Großteil der Schulen hier keine funktionierenden Schüler*innenvertretungen hat oder sie über Ihre Rechte gar nicht aufgeklärt sind. Dabei ist das doch die Keimzelle von demokratischem Engagement: die reale und ernstgemeinte Beteiligung von Schüler*innen in der Schule. Sie haben dort ihren Lebensmittelpunkt und sollen Einfluss darauf nehmen können, wie es zugeht.

Bei der Arbeit mit Schülervertreter*innen sind mir mehrere Dinge aufgefallen. Der Wunsch von Schüler*innen, sich im Schulalltag einzubringen, steigt rapide, sobald sie wissen, dass Sie tatsächlich Rechte haben, die gesetzlich verankert sind. Manchmal führte dieser Umstand sogar dazu, dass Schulen weit über den gesetzlichen Rahmen hinaus Demokratie an Ihren Schulen leben, wie zum Beispiel das Schüler*innenparlament, das an einigen Schulen im Saarland erfolgreich erprobt wurde.

So auch im Leibniz-Gymnasium in St. Ingbert, einer UNESCO-Projektschule. Dort hat die Schüler*innenvertretung in Zusammenarbeit mit der Landesschülervertretung des Saarlandes im November 2022 ein Schüler*innenparlament, bestehend aus Delegierten aller Klassen implementiert. Diese erarbeiteten eigenständig eine Satzung und bauten feste Struktur für die Sitzungen auf. Im Vorfeld werden Vorschläge der einzelnen Klassen in den Klassenräten besprochen, online gesammelt und in einer Tagesordnung zusammengefasst, die zu Beginn jeder Sitzung verlesen wird. Anschließend gibt es eine zeitlich klar begrenzte Diskussion zu jedem Punkt und, wenn erforderlich, eine Abstimmung. Dank der tatkräftigen Unterstützung der Schulleitung konnte das Schüler*innenparlament einmal im Monat tagen. Wir begleiteten es dabei über mehrere Jahre, um immer wieder Verbesserungen zu ermöglichen sowie die Schüler*innen und Lehrkräfte durch Workshops weiterzubilden. Und der Erfolg? War groß: »Es wurden immer wieder neue Ideen eingereicht, wie der Schulalltag noch verbessert werden könnte. Neben dem einen oder anderen ersten materiellen Erfolg besteht jedoch nach Ansicht der Mitglieder der viel größere ideelle Erfolg darin, dass die Meinungen und Wünsche der Schüler*innen in allen Schulgremien viel präsenter geworden sind.«

Aber das ist nicht immer so. Die Probleme und Herausforderungen sind vielfältig. Teilweise wissen die Schüler*innenvertretungen zu wenig über die Möglichkeiten, sich im Schulalltag demokratisch einzubringen. Fragen der konkreten Umsetzung ihrer Arbeit sind oft riesige Hürden. Die Möglichkeiten der Schüler*innenvertretungen, sich miteinander zu vernetzen, werden viel zu wenig genutzt. Daher waren Seminare und Workshops für Schüler*innen und Fachkräfte eine meiner Lieblingstätigkeiten. Zu sehen, welche positive Auswirkung Partizipation auf die Schulgemeinschaft haben kann, ist toll.

Jetzt könnte ich Ihnen hier erklären, welche Rechte genau Schüler*innen in der Schule haben, jedoch wären die Details für die meisten wahrscheinlich irrelevant, weil die Gesetze zur Schulmitbestimmung in jedem der 16 Bundesländer anders sind. Auf dieses frustrierende Problem habe ich ja schon mehrfach hingewiesen. Trotzdem darf ich Ihnen vielleicht einmal erzählen, wie die demokratischen Strukturen zumindest in Schulen im Saarland aussehen, ohne mich dabei zu sehr in Einzelheiten zu verlieren.

Alles beginnt in den Klassen. Hier wählen die Schüler*innen ihren Klassensprecher oder ihre Klassensprecherin. Die Klassensprecher*innen bilden dann gemeinsam mit dem oder der Schülersprecher*in der Schule samt Stellvertreter*innen, die ebenfalls von der gesamten Schülerschaft der Schule gewählt werden, die Schülervertretung (SV) der Schule. Die SV kann die Meinungen der Schüler*innen in verschiedenen Gremien der Schule mit einem Stimm- oder Anhörungsrecht vertreten. Das höchste Gremium, das über alles Wichtige im Schulleben entscheidet, ist die Schulkonferenz. Sie ist paritätisch mit Lehrkräften, Eltern und Schüler*innen besetzt, sodass alle das gleiche Stimmenverhältnis haben. Die Schulen wählen dann noch sogenannte Landesdelegierte. Diese treten zur Landesdelegiertenkonferenz zusammen, wo der Vorstand der Landesschülervertretung gewählt wird und die Themenschwerpunkte für die nächste Legislaturperiode festgelegt werden. Der Vorstand besteht aus einem/einer Vorsitzenden, seinen/ihren beiden Stellvertreter*innen und 27 Beisitzer*innen. Alle Schulen haben hierbei eine Stimme. Der Vorstand wählt dann neben seinem Vorsitzenden eine der beiden Stellvertreter*innen und einen/eine Beisitzer*in zu Bundesdelegierten. Diese vertreten dann die Interessen des jeweiligen Bundeslandes in der Bundesschülerkonferenz (BSK). In der BSK hat jedes Bundesland eine Stimme. Inhaltliche Positionen werden im Konsensprinzip entschieden. Die Bundesdelegierten wählen schließlich das Bundessekretariat. Für diese Posten kann übrigens jeder Schüler und jede Schülerin in Deutschland kandidieren.

Jetzt kommen wir zu einem wirklich wichtigen Punkt: zur Arbeit in der Bundesschülerkonferenz. Die BSK ist die ständige Konferenz der Landesschülervertretungen der Länder in der Bundesrepublik Deutschland. Sie behandelt Angelegenheiten der Bildungspolitik von überregionaler Bedeutung und hat zum Ziel, die gemeinsame Meinungs- und Willensbildung zu fördern und gemeinsame Anliegen zu vertreten. Die Bundesschülerkonferenz ist überparteilich und überkonfessionell. Sie sorgt dafür, dass ihre Mitgliedsländer in einem regen Kontakt und Austausch bleiben, dass sie sich regelmäßig über Neuerungen unterrichten und die Mitbestimmung der Schüler*innen Deutschlands im Schulwesen gelingt – trotz Länderhoheit in Sachen Bildung. Wie die Landesschülervertretungen unterhält auch die Bundesschülerkonferenz enge Kontakte zu den zuständigen Behörden, Institutionen und Verbänden. Die Bundesschülerkonferenz hat drei Organe: das Plenum, das Bundessekretariat und die Fachausschüsse. Die BSK gab uns Landesschülervertreter*innen aus dem Saarland die Möglichkeit, sich bilateral mit anderen Landesschülervertretungen zu vernetzen und sie als Vorbild für unsere Arbeit zu nutzen. Seit 2022 bin ich als Generalreferent selbst Mitglied im Bundessekretariat, das sich vor allem um die Organisation der Konferenz und die Umsetzung der Beschlüsse des Plenums kümmern muss.

Die Schülervertretungen haben jedoch alle ein großes Problem: fehlende Anerkennung und, damit einhergehend, fehlende oder mangelhafte Finanzierung. Lassen Sie es mich am Beispiel der Bundesschülerkonferenz erklären. Bis vor einem Jahr war die BSK rein spendenfinanziert. Im besten Fall gaben die Länder, in denen die BSK jeweils tagte, einen kleinen Zuschuss. Außerdem versuchten wir, Projektanträge beim Bundesministerium für Bildung und Forschung zu stellen. Als Grund dafür, die BSK nicht ordentlich zu finanzieren, schob die Regierung immer wieder die fehlende Legitimierung durch die Kultusministerkonferenz vor. Die KMK wiederum erkannte uns nicht an, da nicht immer alle Bundesländer in der BSK vertreten waren. Da Bildung Ländersache ist, gibt es auch keinen Zwang, ein Bundesschülergremium zu fördern Es gibt ja auch kein Gesetz, das eine Schülervertretung auf Bundesebene verpflichtend vorschreibt. Die Länder entschieden aus eigenem Interesse, dass es notwendig sei, ein Pendant zur KMK zu haben. Aber Reisekosten und Verpflegung während der Arbeit mussten die vorherigen Bundessekretariate selbst bezahlen! Also: Schüler*innen, die sich für die Demokratie der Bundesrepublik und die Rechte und Bedürfnisse ihrer Mitschüler*innen engagieren, tun das neben der Schule, ehrenamtlich und zahlen die Spesen aus der eigenen Tasche – beziehungsweise der Tasche ihrer Eltern. Was heißt das sozialpolitisch? Dass nur Schüler*innen aus gut betuchtem Elternhaus für diese Ämter kandidieren konnten, wenn sie das Amt vollumfänglich ausführen wollten.

Nach vielen Jahren und sehr viel Überzeugungsarbeit schafften wir es, die Mitglieder des Bundestages davon zu überzeugen, dass wir eine (Sockel-)Finanzierung brauchen: 500.000 Euro pro Jahr. Das ist – verglichen mit dem Bundeshaushalt – ein geringer Betrag, und wir müssen nach jeder Haushaltsperiode erneut dafür kämpfen. Wenn wir das Geld nicht bekommen oder die Verhandlungen sich zu lange hinziehen, bedeutet dies, dass wir unsere Mitarbeiter*innen entlassen müssen und erst wieder einstellen könne, wenn das Geld da ist. Im vergangenen Jahr fehlte uns für ein paar Monate die Finanzierung, und wir konnten von Glück sprechen, dass die Stiftung Bildung eingesprungen ist. Warum die BSK Mitarbeitende hat? Sobald öffentliches Geld im Spiel ist, steigen der bürokratische Aufwand und die Auflagen enorm. Jeden Cent, den wir ausgeben wollen, müssen wir uns vom Bundesministerium für Bildung und Forschung (BMBF) genehmigen lassen.

Ein riesiger Aufwand, den wir als Schüler*innen überhaupt nicht stemmen könnten.

Wie könnte die Schulmitbestimmung nun verbessert werden oder im besten Fall aussehen? Die Partizipation der Schülerinnen und Schüler im Schulalltag ist grundsätzlich in den Schulgesetzen der Länder und in der UN-Kinderrechtskonvention fest verankert. Demokratie muss gelebt und praktisch erlernt werden. Je früher, desto besser. Schüler*innen sollen unabhängig von ihrem Alter ihre eigenen Ideen formulieren und sich für Demokratie engagieren. Partizipation, Selbstverantwortung, Selbstvertrauen, Selbstwirksamkeit und Teilhabe sind daher wesentliche Bestandteile des schulischen Bildungs- und Erziehungsauftrags. Die Schule muss dazu das erforderliche Wissen vermitteln, muss demokratische Werthaltungen, Teilhabe fördern und schon Kinder dazu ermuntern, Verantwortung zu übernehmen und sich in ihrem gesellschaftlichen Umfeld zu engagieren. Schule als Ort gelebter Demokratie heißt: die Würde des jeweils anderen großschreiben, Toleranz, Respekt gegenüber Menschen und Meinungen, Zivilcourage üben, demokratische Verfahren und Regeln einhalten und Konflikte gewaltfrei lösen. Am Ende sollte stehen: Demokratie öffnet den Menschen zahllose Möglichkeit, aber wir alle müssen für uns selbst und die Gemeinschaft Verantwortung übernehmen und unsere Rechte auch wahrnehmen wollen.

Es gibt bereits eine große Vielfalt an demokratiepädagogischen Programmen und Initiativen: beispielsweise den im bundesweiten Programm »Demokratie lernen und leben« entwickelte »Qualitätsrahmen Demokratiepädagogik« mit einem Leitfaden sowie zahlreichen konkreten Lehr- und Handlungsmaterialien für Lehrer*innen. Aber auch der europäische und internationale Kontext bietet Impulse für die Stärkung der Demokratie in der Schule, wie das seit 1997 bestehende Projekt »Education for Democratic Citizenship and Human Rights Education« (EDC/HRE) des Europarats. Demokratieförderung und -erziehung ist auch Gegenstand der europäischen Bildungsstrategie EU 2020. In der Bildungsagenda 2030 der Vereinten Nationen ist ihr mit dem Konzept der »Global Citizenship Education« ein eigenes Unterziel gewidmet.

Alles in allem steht im Vordergrund: dass sich die Schüler*innen wahrgenommen, respektiert sehen und wohlfühlen im Lebensraum Schule, dass sie ihn mitgestalten und weiterentwickeln können. Dazu braucht es Räume, wo Ideen und Vorstellungen zusammenkommen, diskutiert und anschließend beschlossen werden können. Also muss die Schule befähigt werden, demokratische Gremien und Arbeitsformen, die Schüler*innen Entscheidungsspielräume öffnen und echte Beteiligung ermöglichen, zuzulassen – unterstützt von paritätisch besetzten Gremien, in denen Eltern, Schüler*innen und Lehrer*innen sich auf Augenhöhe mit gleichen Stimmrechten begegnen. Ähnliches gilt für die Schüler*innenvertretungen auf allen Ebenen der Wahrnehmung ihrer Rechte. Die Schule könnte sogar so weit gehen, ihre Schüler*innen zu ermutigen, sich in geeigneter Weise in die Unterrichtsentwicklung einzubringen oder sich zum Beispiel in der Kommune oder im Stadtteil oder in der Gemeinde zu engagieren.

Eine demokratische Schul- und Unterrichtsentwicklung findet ihren Niederschlag vor allem in der Schulorganisation. Wie gut sind die Mitwirkungsgremien aufgestellt? Wie steht es um die Einführung und Pflege von parlamentarischen Formen wie zum Beispiel Klassenräten und Schulparlamenten? Werden Wahlen auf Klassenebene verbunden mit einheitlichen Wahltagen auf Landesebene? So könnte man dem Wahlereignis eine größere Bedeutung geben und den Schüler*innen näherbringen, dass Wählen ein verbindendes Element unseres Zusammenlebens ist. Wahlen müssen ernstgenommen werden. Nie wieder erreichen wir so breite und vielfältige Gruppen der Gesellschaft wie in der Schule, und wenn wir hier den Grundstein für demokratisches Verständnis legen können, dann müssen wir das auch tun. Das Ausfüllen des Stimmzettels, der Gang zur Wahlurne, sehen, was die eigene Stimme bewirkt – all das sind Selbstwirksamkeitserfahrungen, die für das spätere Leben von Bedeutung sind.

Bleiben wir mal bei der Schüler*innenvertretung, gehen aber über die Schule selbst hinaus: Da braucht es gut finanzierte und personell ausgestattete SVen auf Landes- und Kreisebene, damit sich die Schüler*innen auch in der Politik und bei den Entscheidungsträgern Gehör verschaffen können. Es geht auch hier darum, dass diese Vertretung verpflichtend angehört wird und sie ihre Meinung bei Gesetzesänderungen oder Lehrplanänderungen entsprechend einbringen kann. Denn letztendlich sind es die Schüler*innen, die am meisten von schulpolitischen Entscheidungen betroffen sind, aber im Gegensatz zu Konzernen keine teuren Lobbyisten beschäftigen können. Und so heißt es, von öffentlicher Seite einen Rahmen, Raum und Geld zur Verfügung zu stellen, damit Schüler*innen ihre Rechte vollumfänglich wahrnehmen können. Am Ende leiden nämlich auch die Schülervertretungen unter der allgemeine Krise des Ehrenamts: Es fehlt die angemessene Anerkennung und Auszeichnung von bürgerschaftlichem Engagement, umso mehr bei Kindern und Jugendlichen. Da wäre doch wenigstens ein Hinweis auf dem Zeugnis angebracht und ein bisschen Hilfe bei der täglichen Organisation.

Schülervertretung ist Arbeit! In Kooperation mit dem Adolf-Bender-Zentrum hat die LSV Saar zahlreiche Seminare und Workshops an Schulen im ganzen Land auf die Beine gestellt. Dazu gehörten Formate wie die monatlichen digitalen SV-Runden des Saarpfalz-Kreises, das jährliche SV-Barcamp, die jährlichen SV-Workshops und die Seminarreihe »Reclaim the School«, die sogar den saarländischen Weiterbildungspreis gewonnen hat. Mit Beginn der Pandemie mussten die Maßnahmen teilweise digital weitergeführt werden, was der Sache aber keinen Abbruch tat. Im Gegenteil, seit 2022 moderiert und steuert das Adolf-Bender-Zentrum die Vernetzung der Schüler*innenvertretungen der deutschen Auslandsschulen weltweit digital.

Die monatlichen SV-Runden dienten vor allem dazu, den regelmäßigen Austausch und Kontakt mit den Schüler*innenvertretungen zu halten. Denn SVen waren und sind von extremer Fluktuation betroffen. Das liegt auf der Hand. Viele Schüler*innen engagieren sich vorwiegend am Ende ihrer Schulzeit, und die Gremien werden meist alle ein bis zwei Jahre neu gewählt. Da die Mitbestimmung junger Menschen in Deutschland nicht denselben Stellenwert hat wie in anderen Ländern, ist sie entsprechend schlecht finanziert und kann sich meist keine hauptamtlichen Mitarbeiter leisten, die für eine gewisse personelle Kontinuität und Stabilität sorgen und die Arbeit nachhaltiger gestalten würden.

Diese ganze Arbeit ist ein wichtiger Schritt, damit Schüler*innen Politik nicht nur in der Theorie lernen, sondern damit sie erfahrbar wird. Schule ist der einzige Ort, an dem man so eine breite Gesellschaftsschicht erreicht, und nie wieder hat die eigene Stimme eine so große direkte Auswirkung auf das Ergebnis. Deshalb ist es wichtig, schon dort den jungen Menschen die Wichtigkeit und die Möglichkeit, die durch demokratische Mitbestimmung entstehen, nahezubringen. Die Arbeit der Schüler*innenvertretungen ist hierfür der zentrale Bezugspunkt im Schulalltag. Das alles kann im Guten wie im Schlechten eine große Wirkung auf das spätere Leben von jungen Menschen haben. Wenn sie bereits in der Schule merken, dass ihre Meinung egal ist, darf sich niemand über Politikverdrossenheit wundern. Wenn aber umgekehrt die Schulgemeinschaft an einem Strang zieht, sich organisiert und merkt, dass sie mitredet, schweißt dies die Leute zusammen und verwandelt die Schule in einen Ort, den man gestalten kann und als seinen eigenen betrachtet. Ein Raum für Ideen, mit Zukunft, wo man gerne ist und besser lernt.

Haben Sie eigentlich mal daran gedacht, wie viele Schüler*innen im Justizvollzug sitzen? Bundesweit waren es am

21. März 2022 genau 2.760. Sind das Schüler*innen ohne (Schüler*innen-)Rechte? Kann das Gefühl, dass die eigene Meinung etwas wert ist, kann das Wissen darüber, was Demokratie, Mitbestimmung und Partizipation sind, von Bedeutung sein, wenn es um die Rehabilitation junger Gefangener geht? Ich denke ja! Das Thema ist total unterbelichtet.

Bei meiner Recherche stieß ich auf eine Dokumentation über eine Justizvollzugsanstalt in Rheinland-Pfalz. Hier gab es zu meiner Überraschung demokratische Strukturen mit Vertretungen und Wahlen, und sie zeigten positive Ergebnisse. Die Gefangenen konnten im Rahmen ihrer Möglichkeiten Wünsche einbringen, darüber abstimmen und so auch Konflikte untereinander lösen.

Wie steht es jetzt um die ganz jungen Gefangenen? Auch Jugendliche in einer Justizvollzugsanstalt haben ein Recht auf Bildung und demokratische Teilhabe, doch wird in der Justizvollzugsanstalt das Schulmitbestimmungsgesetz nicht angewendet, somit können Schüler*innen auf keiner Ebene (Klasse, Schule/JVA, LSV) vertreten werden. Deshalb stieß ich im Saarland an, in einem Pilotprojekt zu schauen, ob ein solches Modell möglich wäre. Gemeinsam mit der Gefängnisleitung und dem Staatsekretär für Justiz evaluierte ich diese Frage. Wir stießen zwar auch auf skeptische, überwiegend aber auf offene Ohren. Leider kam Corona dazwischen, und bis heute liegt das Projekt auf Eis.

»HIRNVERBRANNT, MEHR NICHT! DER IST DURCH!!«

»PERFEKTES BILD, VOR DEM ZENTRALEN-DUMM-FUNK!! DA PASST DU REIN.«

»SCHÖN AUSSEHEN UND ABSOLUT KEINE AHNUNG HABEN!!«

»ACH HALT DOCH EINFACH DEINE KLAPPE BUBI«

»AHNUNGSLOSER WICHTIGTUER«

»TRAURIG FINDE ICH, DASS NUN JUGENDLICHE UND KINDER FÜR DIESEN SCHWACHSINN AUCH NOCH INSTRUMENTALISIERT WERDEN.«

»FÜR DIE ORTSANSÄSSIGEN IST IHR AUFTAUCHEN NICHT IMMER SO ERFREULICH. KEIN VORURTEIL, SONDERN IMMER WIEDER AUFS NEUE BESTÄTIGT.«

(ES GING UM SINTI & ROMA)

»DU BIST ZU JUNG, DU HAST KEINE MEINUNG, DU SAGST NUR DAS WAS ALLE SAGEN!«

»WEGEN EUCH SCHEIß FEMINISTEN KANN MAN NICHT MEHR NORMAL DEUTSCH REDEN.«

»SO VIEL OPTIMISMUS IST KRANKHAFT, GEH ZUM PSYCHIATER«

»DIE LSV IST EINE SCHANDE, EURE ARBEIT IST BESCHÄMEND«

Hate Speech

Was ist eigentlich Hate Speech? Das Wort haben sicherlich alle in der letzten Zeit des Öfteren schon gehört. Grundsätzlich redet man von Hate Speech, wenn Menschen aggressiv abgewertet und bestimmten Gruppen zugeordnet werden, wenn sie öffentlich verbal angegriffen werden oder wenn zu Gewalt gegen sie aufgerufen wird. Gerade auf Social-Media-Plattformen haben nicht wenige das Gefühl, anonym und unangreifbar zu sein oder sich in einem rechtsfreien Raum zu bewegen, was sie darin bestärkt, Hass und Hetze freien Lauf zu lassen, und das hat in den letzten Jahren enorm zugenommen. 78 Prozent der Befragten einer Forsa-Umfrage (2022) gaben an, schon einmal Hasskommentare im Internet gesehen zu haben. 40 Prozent gaben an, dass ihnen Hate Speech bereits häufig oder sehr häufig im Internet begegnet ist, Jüngere (< 25 Jahre) deutlich häufiger als Ältere (60+). Auch sind Menschen mit Migrationsgeschichte häufiger von Hasskommentaren betroffen als andere Gruppen.

Mittlerweile ist diese harte und anonyme Form der Abwertung und Menschenfeindlichkeit zu einem gesamtgesellschaftlichen Problem geworden. Für die, die es trifft, ist es eine Qual. Hasskommentare verletzen und mindern das

Selbstwertgefühl, sie führen zu Leistungsabfall, Ess- und Schlafstörungen, manchmal sogar zu Suizid-Gedanken.

Gerade in meiner Generation habe ich das Gefühl, dass fast alle schon einmal mit Hate Speech in Berührung gekommen sind. 17 Prozent der 18- bis 24-Jährigen gaben sogar an, direkt von Hate Speech im Netz betroffen gewesen zu sein. Mein Gefühl spiegelt sich allerdings in den Zahlen wider. Laut einer Veröffentlichung der Landesanstalt für Medien Nordrhein-Westfalen 2021 gaben 58 Prozent der 14- bis 25-Jährigen an, im Internet sogar (sehr) häufig Hate Speech zu erleben.

Oft ist Menschen gar nicht bewusst, welche destruktiven Auswirkungen Hass und Hetze haben können. Meinungen werden seltener offen geäußert, Menschen fühlen sich eingeschüchtert, die Teilnahme an Diskussionen geht zurück, Menschen werden aus dem Netz regelrecht vertrieben, so stellte das Institut für Demokratie und Zivilgesellschaft 2018 fest. All dies sind Phänomene, die sich gerade auf eine Demokratie, die von Austausch und gemeinsamem Diskurs lebt, langfristig negativ auswirken. Hate Speech gefährdet die Meinungsvielfalt und den Pluralismus in Deutschland und kann die Wahrnehmung von Menschen signifikant verschieben und negativ beeinflussen. Über zwei Drittel derer, die im Netz unterwegs sind, sind sich darüber einig, dass Hate Speech immer mehr zunimmt.

Vor allem dort, wo Schüler*innen sich politisch engagieren, spielt Hate Speech eine große Rolle und kann ihr aktuelles und zukünftiges Engagement beeinträchtigen. Die Klimabewegung ist aus meiner Sicht ein sehr gutes und allen bekanntes Beispiel. Aber auch in der Schule bin ich immer wieder auf Aussagen von Schüler*innenvertretern gestoßen wie: »Ich erlebe jetzt schon viel Mobbing. Wenn ich mich dann noch engagiere, wie sieht das dann aus?« Wenn gesellschaftliches Engagement nicht wertgeschätzt wird und schon junge Menschen deswegen Hass erfahren, der weit über konstruktive Kritik hinausgeht – wie sehr muss es Menschen verletzen, die Hate Speech bisher nicht unmittelbar ausgesetzt waren, und wie verheerend wirkt sich das langfristig auf die Bereitschaft zu bürgerschaftlichem Engagement aus?

Als Landesschülersprecher habe auch ich schon früh solchen Hass zu hören und zu lesen bekommen. Aussagen wie »Hättest du eine Krawatte an, würdest du denken, du wärst ein echter Politiker«, »Die LSV ist eine Schande, eure Arbeit ist beschämend« oder »Finger weg von meinem Kind, bevor ich mich vergesse« waren an der Tagesordnung, und das sind definitiv noch die harmloseren. Nach jedem Interview konnte man sich darauf einstellen, E-Mails und Kommentare mit Beleidigungen und Anfeindungen zu erhalten.

Gerade bei den E-Mails lässt sich ein klares Muster erkennen: 99 Prozent wurden von erwachsenen Männern geschrieben. Der Aufbau war immer der gleiche: Anrede, ausführliche Beschreibung dessen, was die Person bereits beruflich geleistet hat und warum sie daher wesentlich erfahrener ist als ich, um zu begründen, weshalb sie das Recht hat, mich zu kritisieren. Dann folgt oft eine noch halbwegs konstruktive Kritik, ein paar Sätze später Beleidigungen, die schrittweise immer krasser werden, um am Ende in eine letzte Beleidigung wie »Du links-grün versifftes Arschloch« zu münden. Unterzeichnet mit Klarnamen. Krass, oder?! Da gibt es einen erwachsenen Menschen, der so viel Hass in sich hat, dass er sich Zeit genommen und Mühe gemacht hat, eine E-Mail aufzusetzen, um einen minderjährigen Schüler durch den Dreck zu ziehen. Denkt er danach wirklich: Wie geil, dass ich als 40-Jähriger einem 17-Jährigen mal so richtig die Meinung gegeigt habe? Jemanden, den er zuvor noch nie gesehen, geschweige denn, mit dem er sich inhaltlich auseinandergesetzt hätte?

Gerade für einen jungen Menschen, der als Schüler*in, als jemand, der einfach nur für eine gute Sache einstehen möchte, sich zum ersten Mal in die Öffentlichkeit wagt, ist es ein Schock, wenn er mit Klarnamen angefeindet wird, und das nicht nur von Kollegen oder Gleichaltrigen, sondern von völlig fremden Erwachsenen. Daher rief das Adolf-Bender-Zentrum, ein langjähriger Partner im Bereich der politischen Bildung, zusammen mit dem damaligen Außenminister Heiko Maas und der Landesschülervertretung des Saarlandes eine Gegen-Kampagne ins Leben: »Jung. Engagiert. Bedroht – Hass im Netz geht uns alle an!« Sie hatte zum Ziel, jungen engagierten Menschen Strategien an die Hand zu geben, wie sie mit Hate Speech besser umgehen können. Dabei sollten sie von der Erfahrung älterer Menschen, die schon länger in der Öffentlichkeit stehen oder politisch tätig sind, profitieren, sich mit ihnen austauschen und über Bewältigungsstrategien diskutieren, um zu zeigen: Ihr seid nicht allein! Mir hat das sehr geholfen, und ich glaube, ohne Hilfe von außen hätten viele Schüler*innensprecher längst das Handtuch geworfen.

Was tun? Das ist schwierig. Etwa drei Viertel der Menschen, die im Netz unterwegs sind, so machte Campact e. V. deutlich, sind mit Hate Speech nicht einverstanden und fordern, dass die aktuellen Gesetze gegen Beleidigung, Hassrede und Verleumdung im Netz konsequenter durchgesetzt werden. Das Wichtigste für einen selbst ist: Nicht unterkriegen lassen. Hass sollte nie unbeantwortet bleiben. Allerdings muss niemand für Endlosdiskussionen und verächtliche Kommentare zur Verfügung stehen. Deshalb sollte man Hate Speech immer entsprechenden Stellen melden – der Schule, den Anbieten bestimmter Seiten im Netz, Eltern, Verwandten, Freunden. Wenn es ganz schlimm kommt, dann versucht man, Beweise zu sichern und erstattet Anzeige bei der Polizei. Denn oft erfüllen Hassäußerungen Straftatbestände wie Verleumdung, Volksverhetzung oder Beleidigung.

An alle, die sich politisch engagieren: Denkt immer daran – die Hater sind zwar lauter als Ihr und aggressiv, aber fast immer in der Minderheit.

»IHR SEID DOCH ALLE LINKS-GRÜN-VERSIFFT!«

»... UND DER LENNART MACHT FEIN MÄNNCHEN. ERBÄRMLICH.«

»FÜR DAS KLIMA IST ES WOHL DAS BESTE, WENN DU DICH IN DEN KELLER SETZT UND

»GEH DAHIN WO DU HERKOMMST!«

»HÄTTEST DU EINE KRAWATTE AN, WÜRDEST DU DENKEN DU WÄRST EIN ECHTER POLITIKER.«

»DU LINKS-GRÜN VERSIFFTES ARSCHLOCH«

»FINGER WEG VON MEINEM KIND BEVOR ICH MICH VERGESSE.«

»ICH HALTE VON DEM SCHEIß NIX, FICKT EUCH INS KNIE«

»MANCHE JOBS SIND EINFACH FRAUEN-JOBS. NUR WEIL MAN JETZT DAFÜR SORGT, DASS FRAUEN WIE MÄNNER DASTEHEN DÜRFEN, HEIßT ES NICHT, DASS ES KEINE FRAUEN MEHR GIBT DIE STOLZ AUF IHREN PUTZJOB SIND.«

»GEH ARBEITEN!!!«

»ABER EUCH ARROGANTEN, VERZOGENEN, MACHTGEILEN ABITURIENTEN AUS WOHLHABENDEN ELTERN-HAUS IST DAS ALLES EGAL.«

BILDUNG IM FÖDERALEN SYSTEM

Es gibt kaum eine Debatte über unser Bildungssystem, in der nicht nach wenigen Sätzen der Föderalismus als Hauptverantwortlicher für schlechte Schulleistungen im internationalen Wettbewerb und fehlende Vergleichbarkeit von Abiturnoten ausgemacht wird. Von unterschiedlichen Lehrplänen und verschiedenen Schulbüchern in den 16 Bundesländern ganz zu schweigen.

Bei einer Umfrage im Auftrag des *Spiegel* antworteten auf die Frage »Sollte die Bildungspolitik Ihrer Meinung nach Ländersache bleiben?« 68 Prozent mit »nein« und nur 27 Prozent mit »ja«. Fünf Prozent antworteten »weiß nicht«. Einzig die Bayern zeigen sich gespalten. Rund 47 Prozent sprachen sich für Bildungspolitik als Ländersache aus, rund 46 Prozent dagegen. Unter den Anhängern aller Parteien fanden sich Mehrheiten, die gegen Bildungspolitik als Ländersache sind. Bei Anhängern von SPD und Grünen war sie mit rund 80 Prozent besonders ausgeprägt.

Dass die Vielfalt der Bildungslandschaft transparent und vergleichbar sein sollte und einem gemeinsamen und übergeordneten Ziel dienen muss, ist dabei offenbar unstrittig. Und das heißt konkret: Schüler*innen fit für ihren weiteren Lebensweg zu machen, ganz egal, ob sie in Flensburg oder Konstanz zur Schule gegangen sind. Nicht weniger geht es darum, sie auf eine komplexe und schnelllebige Welt vorzubereiten, in der man nur mit Neugier und einem inneren Wertekompass bestehen und seine Zukunft gestalten kann.

Mit der Einführung des Kooperationsverbots in der Föderalismusreform im Jahr 2006 hat der Gesetzgeber den Bund aus der direkten Finanzierung von Schulen ohne Grund ausgeschlossen und eine Art Wettbewerb zwischen den Länder in Gang setzen wollen. Der Bund darf sich also nicht in deren Schulpolitik einmischen, auch und vor allem nicht durch die verlockende Bereitstellung finanzieller Mittel. Diesem Schwerpunkt auf Wettbewerb zwischen den Bundesländern lag die Idee zugrunde, dass sich die jeweils besten Weichenstellungen für das Bildungssystem herauskristallisieren und gegebenenfalls von anderen übernommen werden können.

2018 kam es dann zu einer Grundgesetzänderung. Damit der Digitalpakt umgesetzt werden konnte, musste das Kooperationsverbot gelockert werden. Doch diese Änderung stieß nicht auf die Zustimmung aller Beteiligten, denn der Artikel 104c Grundgesetz schreibt den Ländern eine 50-prozentige Kofinanzierung bei Investitionen des Bundes vor. Das heißt: Kohle aus Berlin fließt nur, wenn man selbst den gleichen Betrag zur Verfügung stellt. Darauf hatten die Haushaltspolitiker*innen des Bundestages gedrängt, um sicherzustellen, dass die Bundesinvestitionen auch tatsächlich zusätzlich fließen und nicht bloß bestehende Lücken füllen.

Für manche Ministerpräsident*innen war das eine Kampfansage an ihre heilige Länderhoheit. Winfried Kretschmann, Ministerpräsident von Baden-Württemberg, brachte es für mehrere Länderchefs auf den Punkt: Dies sei eine »schrittweise Aushöhlung der Verwaltungshoheit der Länder« durch den Bund, und dagegen wolle er kämpfen. Interessanterweise waren die Rebellen vor allem die Geberländer im Länderfinanzausgleich, also jene Bundesländer, denen es wirtschaftlich gut geht.

Deutschland hat durch seinen Bildungsföderalismus eine Sonderstellung. Er ist es, der die großen Unterschiede in den Bildungssystemen der Bundesländer möglich macht. Zwar sollte er die Möglichkeit der stetigen Entwicklung mit sich bringen. Jede Schulform muss sich immer wieder an ihr sich veränderndes Umfeld anpassen. Doch dazu bräuchte es Transparenz. Diese erfordert von der Bildungspolitik die stärkere Bereitschaft, sich für Erfolgskontrollen zu öffnen. Regelmäßige Lernstandsüberprüfungen haben nicht zum Ziel, einen Klassenbesten innerhalb der Bundesländer zu küren. Es geht darum zu überprüfen, ob die jeweiligen Leistungsniveaus, gemessen an den gemeinsam vereinbarten Bildungsstandards, erreicht werden und vergleichbar sind.

Der Koalitionsvertrag von 2018 zwischen CDU/CSU und SPD erwähnt in Punkt IV. 1. eine interessante Möglichkeit, nämlich einen Nationalen Bildungsrat, der nach dem Vorbild des Nationalen Wissenschaftsrates gegründet wird: »Der Nationale Bildungsrat soll auf Grundlage der empirischen Bildungs- und Wissenschaftsforschung Vorschläge für mehr Transparenz, Qualität und Vergleichbarkeit im Bildungswesen vorlegen und dazu beitragen, sich über die zukünftigen Ziele und Entwicklungen im Bildungswesen zu verständigen und die Zusammenarbeit der beteiligten politischen Ebenen bei der Gestaltung der Bildungsangebote über die ganze Bildungsbiographie hinweg zu fördern.«

Wenn es gelingen würde, den Nationalen Bildungsrat zu einem ähnlich anerkannten Beratungsgremium zu machen wie den Wissenschaftsrat, wäre das ohne Frage ein Riesengewinn für Deutschland, für die Bildungspolitik in jedem einzelnen Land und für die gezielte Kooperation der Länder untereinander.

Ein anderes Werkzeug könnte ein Länderstaatsvertrag sein. Nach Beschlüssen durch die Landesparlamente verpflichten sich die Regierungen, gemeinsame Standards und bundesweit geltende Leitlinien zur Bildungspolitik zu entwickeln. In solch einem Staatsvertrag müsste es außerdem um die Weiterentwicklung des Bildungsmonitorings und die Nutzung von Schulleistungsstudien gehen und um gemeinsame Standards für die Erstellung von Bildungsstatistiken, nicht zu vergessen die Fragen der Lehrkräftebildung, der Beruflichen Bildung oder der Zukunft des Lernens in der digitalisierten Welt. Das alles geht nur zusammen und nicht getrennt und nicht in dauernder Konkurrenz gegeneinander. Ein Länderstaatsvertrag wäre ein positives Zeichen für die Handlungsfähigkeit des bundesdeutschen Föderalismus. Und er wäre ein starkes Signal für ein parteiübergreifendes und unideologisches Vorge-

hen gegen die in Deutschland grassierende Politikverdrossenheit. Bund und Länder haben es in der Hand. Sie stehen
hier mehr denn je in einer Verantwortungsgemeinschaft.
Wenn sie unser Bildungssystem in den kommenden Jahren
fair und vertrauensvoll gestalten, dann gut. Wenn sie alles
so belassen wie es heute ist, dann...

Gesunde Schule

Die schulische Gesundheitsförderung hat in Europa seit Beginn der 1990er-Jahre einen großen Stellenwert. Deutschland war sehr früh bei dieser Entwicklung dabei. Es ist eines von 40 Ländern und Regionen der »Schools for Health in Europe Network Foundation«, eine Stiftung, die von der Weltgesundheitsorganisation, der Europäischen Kommission und vom Europarat getragen wird und sich zum Ziel gesetzt hat, Gesundheitsförderung für junge Menschen in Europa zum festen Bestandteil der Schulpolitik in den Mitgliedsländern zu machen. Folglich haben die deutschen Bundesländer in ihren Schulgesetzen den Auftrag zur Gesundheitserziehung und -bildung festgeschrieben. So sollen die Schülerinnen und Schüler beispielsweise in Niedersachsen fähig werden, »...gesundheitsbewusst zu leben...« (§ 2, Abs. 1, Nr. 3 NSchG), in Brandenburg zur Übernahme von Verantwortung »...für die eigene Gesundheit...« befähigt werden (§ 4, Abs. 5, Nr. 13 BbgSchulG), in Berlin lernen, »...ihre körperliche, soziale und geistige Entwicklung durch ... eine gesunde Lebensführung positiv zu gestalten...« (§ 3, Abs. 3, Nr. 7 Schulgesetz für das Land Berlin), oder in Hamburg das »...körperliche und seelische Wohlbefinden...« wahren lernen (§ 2, Abs. 1, Nr. 3).

Diese Aufzählung ließe sich fortsetzen. Deutlich wird: Schule hat zur Gesundheitsförderung der Schüler*innen einen gesetzlich definierten Auftrag. Auch in den beiden Positionspapieren der Kultusministerkonferenz, ihrem Bericht »zur Situation der Gesundheitserziehung in der Schule« vom November 1992 und der »Empfehlung zur Gesundheitsförderung und Prävention in der Schule« vom November 2012, wird festgestellt: »Schulische Gesundheitserziehung will Schüler*innen befähigen, gesundheitsförderliche Entscheidungen zu treffen und so Verantwortung für sich und ihre Umwelt zu übernehmen. Sie möchte dazu beitragen, dass sich Schüler*innen eigener Verhaltensweisen und Werte sowie der Verhaltensweisen und Werte anderer bewusst werden, Schüler*innen Kenntnisse und Fähigkeiten vermitteln, die die Entwicklung einer gesundheitsförderlichen Lebensweise unterstützen und das Selbstwertgefühl von Schüler*innen entwickeln und fördern. Gesundheitsförderung und Prävention werden als grundlegende Aufgaben schulischer und außerschulischer Arbeit wahrgenommen, greifen aktuelle bildungspolitische Entwicklungen auf (z. B. Selbstständige Schule, Ganztag, Inklusion, Integration, gendersensible Pädagogik, Bildung für nachhaltige Entwicklung), eröffnen Schülerinnen und Schülern, Lehrkräften und dem sonstigen pädagogischen Personal die Möglichkeit, Kompetenzen zu gesunden Lebensweisen und zu einer gesundheitsfördernden Gestaltung ihrer Umwelt zu erwerben, berücksichtigen aktuelle gesundheitliche Belastungen, z. B. Beeinträchtigungen der psychischen Gesundheit, beziehen die Einstellungen sowie die lebensweltlichen und sozialräumlichen Voraussetzungen der Kinder und Jugendlichen und ihrer Familien mit ein.«

Das Problem ist: Schule wirkt sich jedoch nicht immer gesundheitsfördernd aus, sondern kann selbst zu einem Risikofaktor für die Gesundheit von Schüler*innen werden. Dass die Schule beispielsweise durch Leistungsdruck, soziale Konkurrenz- und Ausgrenzungssituationen auch krank machen kann, ist heute allgemein bekannt.

Eine »gute, gesunde Schule« ist sich ihres Auftrags bewusst und leistet einen Beitrag zur Bildung für nachhaltige Entwicklung. Sie fördert bei den Schüler*innen Kompetenzen und Haltungen, die ihre Bereitschaft zum lebenslangen Lernen stärken und sie befähigen, in einer sich verändernden Gesellschaft ein erfolgreiches und gesundes Leben zu führen.

Um nun erfolgreich lehren und lernen zu können, ist ein vertrauensvolles Unterrichtsklima die Voraussetzung. Es gibt zahlreiche Strategien, um die Lernbereitschaft und das Lernvermögen von Schüler*innen zu fördern. Hierzu zählen Angebote zur Konzentrationsförderung, Bewegung (auch im Unterricht), Steigerung der Selbstwirksamkeit der Schülerinnen und Schüler, Förderung des Selbstwertgefühls sowie die Unterrichtsgestaltung (verständlich, sinnvoll, Handlungsfähigkeit stärkend).

Je besser das Klima in einer Schule ist und je mehr sie als gesunder, vielfältiger Lebensraum empfunden wird, umso erfolgreicher wird sie sein. Auch die Frage, wie Schüler*innen unterstützt werden und auf welchen pädagogischen

Grundsätzen eine Schule aufbaut, spielt natürlich eine Rolle für die Schulkultur. Gibt es Möglichkeiten, den Umgang mit Belastungen für Lehrkräfte und Schüler*innen zu verbessern? Ist der Zugang zu einer gesunden Versorgung gewährleistet, zu bewegungs- und körperfreundlichem Lernen und Leben? Gibt es die Nutzung von außerschulischen Lernorten, Angebote zur Krisenbewältigung und Lern- und Sozialerfahrungen, in denen sich Schüler*innen beachtet, angenommen und verstanden fühlen?

Die Öffnung von Schule nach außen erweitert den Wissenshorizont der Kinder und Jugendlichen enorm. Ich wette, eine Kooperation zum Beispiel mit der Feuerwehr oder der Polizei würde viele begeistern und bei der Vermittlung und Einhaltung von Sicherheitsbestimmungen helfen und womöglich sogar noch das Interesse an ehrenamtlichem Engagement erhöhen. Auch Kontakte zu einer Erziehungsberatungsstelle oder anderen Anbietern im Jugendhilfe- und Gesundheitsbereich ermöglichen professionelle Unterstützung und Beratung für alle Schulbeteiligten. Und nicht fehlen darf die Zusammenarbeit mit der Elternschaft, denn nur so kann eine ganzheitliche und nachhaltige Förderung der Schüler*innen gesichert werden.

Es gibt 17 »Sustainable Development Goals« der Vereinten Nationen. Nummer vier ist »hochwertiger Bildung« gewidmet. Dieses Ziel sieht vor, dass bis 2030 alle Schüler*innen die notwendigen Kenntnisse und Qualifikationen zur Förderung nachhaltiger Entwicklung erwerben sollten. Eine fächerübergreifende Einbettung des Themas Nachhaltigkeit ist deshalb wesentlich.

Aber die heutige Lebensweise vieler Menschen steht dem Ziel der Nachhaltigkeit entgegen. Und wirkliche Veränderungen lassen sich nicht einfach durch Verbote erreichen. Um bei Kindern ein Bewusstsein dafür zu schaffen, welche Auswirkungen unser eigenes Handeln auf die Entwicklung der gesamten Welt hat, ist die Schule der ideale Vermittlungsort.

Verantwortungsvolle Umwelterziehung ist als Zielvorgabe mittlerweile in den Schulgesetzen aller Bundesländer verankert. Hier spielt mehr Wissens natürlich eine Rolle, doch mindestens ebenso die Sensibilisierung der Kinder für die Frage, was denn eine nachhaltige Lebensweise ist und wie man nachhaltig lebt. Damit beschäftigt sich das UN-Aktionsprogramm »Bildung für nachhaltige Entwicklung« (BNE).

Das Konzept BNE wurde von den Vereinten Nationen entwickelt, um die oben genannten Ziele einer friedlichen und nachhaltigen Gesellschaft global zu verankern. Es blickt einerseits auf Lerninhalte und Pädagogik und andererseits auf die Lernumgebung. BNE dient nicht nur dazu, Fachwissen über Nachhaltigkeitsthemen zu vermitteln, sondern auch kritisches Denken und Teamfähigkeit zu fördern. BNE soll Schüler*innen dabei unterstützen, einen internationalen Blick zu entwickeln und vorausschauend zu handeln. Das beginnt schon bei alltäglichen Entscheidungen.

Hier haben die Vereinten Nationen drei, sich gegenseitig beeinflussenden Größen im Blick: das Ökologische, das Ökonomische und das Soziale. Bildung für nachhaltige

Entwicklung soll nicht nur das Individuum in den Fokus nehmen, sondern auch die globale und institutionelle Ebene. Denn Schule ist die zentrale Sozialisationsinstanz, also der Ort, an dem man zu einem aufgeklärten, eigenständigen und kritisch denkenden Mitglied der Gesellschaft werden soll.

Bei BNE geht es auch um demokratische Partizipation und gesellschaftlichen Fortschritt, die für bessere Bildung und eine zukunftsfähige Gesellschaft zentral sind. Schließlich gehören der Klimaschutz und die Abwendung einer Klimakatastrophe zu den bedeutendsten Fragen des 21. Jahrhunderts. Hier könnte Schule den Menschen nahebringen, mit vielen kleinen Schritten eine Veränderung zu erreichen und ein Bewusstsein für die ökologischen Probleme zu schaffen. Plastikbecher zum Beispiel sollten nicht mehr zum Alltag von Schüler*innen gehören, Recyclingpapier genutzt werden, Mülltrennung normal sein oder umweltschädliche Trinkflaschen aus Kunststoff durch wiederverwendbare Edelstahlflaschen ersetzt werden.

Übrigens darf das Thema Essen nicht vergessen werden. Schon in der Grundschule können Kinder lernen, wie wichtig eine gesunde und nachhaltige Ernährung ist. Das geht vor allem über die Änderung von Ernährungsgewohnheiten. Die Schulen müssen und können hier zum Vorbild für die Kinder werden, wenn sie wollen. Das heißt aber auch: Das Schulessen sollte vielfältig, vollwertig, qualitativ hochwertig und am besten kostenfrei sein und vegetarische oder sogar vegane Alternativen im Angebot haben. Und wenn das Schulessen nicht kostenlos ist, muss es für alle Schüler*innen bezahlbar sein und eine Möglichkeit geben, sozial schwache Familien von den entstehenden Kosten zu befreien.

Auch Rauschmittel sind weiterhin ein präsentes Thema an Schulen. Die Bundeszentrale für gesundheitliche Aufklärung schrieb dazu für das Jahr 2019, »dass etwa jeder zehnte 12- bis 17-jährige Jugendliche (10,6 Prozent) schon einmal eine illegale Droge konsumiert hat (...). Von den jungen Erwachsenen im Alter von 18 bis 25 Jahren hat fast die Hälfte (47,2 Prozent) schon einmal eine illegale Droge konsumiert.« Meistens Cannabis. Die Konsumerfahrung mit anderen Substanzen ist zwar »deutlich geringer«. Aber gerade deshalb, und mit Blick auf die Legalisierung von Canabis, ist es unerlässlich, dass zukünftig die Aufklärungsarbeit umfangreicher und vor allem nicht zu spät in der Schullaufbahn eines/einer Schüler*in stattfindet. Dabei ist eine offene Kommunikationskultur unerlässlich, damit lokale »Problemherde« nicht totgeschwiegen und so weiter begünstigt werden.

Sie sehen: Das Thema »gesunde Schule« ist komplex und dabei nicht zu unterschätzen. Als Fazit kann man nun ziehen, es bräuchte aus Schüler*innensicht neue Akzente wie Förderung der sozialen Kompetenz, Stress- und Konfliktbewältigung, Gewaltprävention, Bewegungsförderung, Ernährungsaufklärung, Sexualaufklärung und Suchtprävention. Denn will Gesundheitsbildung erfolgreich sein, muss sie zeit- und problemnah an den Anliegen und Entwicklungserfordernissen der Schüler*innen in ihrer Lebenswelt ansetzten. Sie muss verhaltensbezogen und hand-

lungsorientiert sein, dabei ein positives Bild von Gesund-
sein vermitteln und die Bewältigungs- sowie Gestaltungs-
kompetenz der Heranwachsenden stärken.

Schulaufsicht

In jedem Bundesland gibt es, wie ich oben erwähnt habe, zumindest ein Gesetz, in dem festgeschrieben ist, welche Rechte die Schüler*innen in der Schule haben. Das ist toll, toll, toll! Aber warum funktioniert es denn an vielen Schulen trotzdem nicht richtig? Warum werden vielerorts die Rechte der Schüler*innen ohne weitere Folgen für die Verantwortlichen übergangen, obwohl sie gesetzlich festgeschrieben sind?

Das ist recht einfach zu beantworten: Ich präsentiere die Schulaufsicht. Sie wurde erstmals in Preußen 1872 eingeführt und geht bei uns heute auf den Artikel 7, Absatz 1 des Grundgesetzes zurück: »Das gesamte Schulwesen steht unter der Aufsicht des Staates.« Die Schulaufsicht hat die Dienst- und Fachaufsicht und soll prüfen und überwachen, ob die Normen, die sich Bund und Länder gaben, in der Schulpraxis auch umgesetzt und eingehalten werden – rechtlich, in personeller Hinsicht, disziplinarisch, gesundheitlich, pädagogisch. Ein spannendes Konstrukt. Aufgehängt sind die Aufsichtsbehörden nämlich in letzter Instanz bei den Ministerien der Länder, den Bezirksregierungen und den staatlichen Schulämtern. Allen gemeinsam ist, dass sich die Länder hier quasi bildungspolitisch selbst kontrollieren.

Mir wurde dies so richtig bewusst, als ich an einer An-
hörung der Kommission für sexuellen Missbrauch der
Bundesrepublik Deutschland in Berlin zum Thema sexueller Kindesmissbrauch in Schulen teilnahm. Dabei kam
heraus, dass jungen Schüler*innen nicht nur die geeigne-
ten Ansprechpartner fehlten und auch das Wissen, was sexueller Missbrauch überhaupt ist. Vor allem eines kam immer wieder zur Sprache: Wenn Missbrauchsfälle der
Schulaufsichtsbehörde gemeldet wurden, geschah meistens gar nichts oder nur viel zu wenig und vor allem viel zu
spät.

Warum ist das so – und nicht nur bei diesem Thema, sondern ganz allgemein? Warum werden an so vielen Stellen
zum Beispiel die Gesetze zur Belehrung von Schüler*innen
nicht angewendet? Noch eine kleine Anekdote zum Thema
Missbrauch: Im Saarland wurde kürzlich bekannt, dass ein
Pfarrer, der im Ausland Kinder missbraucht hatte, zurück-
beordert und anschließend an eine Schule versetzt wurde.
Unfassbar, nicht wahr?

Lassen Sie mich das Problem etwas veranschaulichen. Fahren Sie über eine rote Ampel, parken falsch oder begehen
einen Einbruch, gibt es eine Polizei, die patrouilliert, dies
im besten Fall bemerkt und Sie dann möglicherweise fest-
nimmt. Danach kommt die Justiz und bestraft sie. In der
Schule gibt es dies nicht. Es gibt keine unabhängige Exe-
kutive und Judikative. Das Ministerium, dem die Schulaufsicht untergeordnet ist, schreibt die Gesetze, soll diese
überwachen und Sanktionen verhängen. Das Ministerium

ist zugleich Dienstherr und hat damit eine Fürsorgepflicht gegenüber den Lehrkräften und soll bestrafen, wenn Gesetze gebrochen oder nicht eingehalten werden. Dass Objektivität hier schwer ist, sollte an dieser Stelle allen klar sein.

Und die Schulaufsichtsbehörden arbeiten nie proaktiv. Schulen werden nicht kontrolliert, ob sie zum Beispiel die Schulmitbestimmung gesetzeskonform umsetzen. Sie wird erst dann aktiv, wenn es brennt, wenn sich viele beschweren oder etwas öffentlich wird. Es bräuchte hier also eine Art Polizei. Eine Stelle, die die Einhaltung der geltenden Gesetze überwacht und unabhängig und objektiv sanktioniert und eingreift. Nur so schafft man es, Missstände aufzudecken und vollumfänglich abzustellen. Momentan gleicht das Bildungswesen in diesem Punkt eher der katholischen Kirche: Verwaltung ohne Gewaltenteilung. Ich finde: Hier sollte der Staat nicht nur mit gutem Vorbild vorangehen, er *muss* es sogar!

Psychische Gesundheit

Dass zahlreiche Schüler*innen psychische Probleme haben, ist nichts Neues, hat sich aber durch Corona verstärkt und ist endlich in den Fokus der Öffentlichkeit gerückt. Schon in frühen Jahren leiden Jugendliche unter starkem Leistungsdruck, sozialen Spannungen und daraus resultierendem Stress. Ein paar Zahlen vorab: Der Anteil von Schüler*innen mit psychischen Auffälligkeiten stieg von 17,6 Prozent vor der Pandemie auf 30,4 Prozent in der ersten Welle. Wir reden also über fast jedes dritte Kind! 24,1 Prozent der Kinder und Jugendlichen hatten während der Pandemie eine generalisierte Angststörung. Von 2019 bis 2022 nahm die Zahl von Mädchen, die stationär im Krankenhaus gegen Angststörungen behandelt wurden, um 35 Prozent zu. Die Zahl stationär behandelter Essstörungen unter Mädchen stieg im gleichen Zeitraum sogar um 52 Prozent. Und bereits 2017 litt fast die Hälfte der Jugendlichen unter »Stress«. Ganz offensichtlich ist: Es wird nicht besser.

Ein Blick in die digitale Welt zeigt eindrücklich, wie es in den Sozialen Medien (vor allem TikTok) von Clips wimmelt, in denen Schüler*innen ihrem Kummer freien Lauf lassen und über ihre psychischen Probleme berichten. Soziale

Medien sind die Kehrseite oder auch ein Spiegel unserer gesellschaftlichen Realität und keineswegs nur ein virtueller Raum für Selbstdarstellung und Hass. Viele junge Menschen erleichtern sich dort das Herz oder finden Trost, indem sie anonymisiert ihre Ängste rauslassen. Normalerweise muss man nicht lange suchen, um auf Berichte und Videos zu stoßen, in denen Schüler*innen von Problemen mit Leistungsdruck oder Mobbing in der Schule erzählen.

In der Folge entstehen nicht selten Unzufriedenheit und Abneigung gegenüber der Schule selbst. Die häufigsten Symptome, unter denen Kinder und Jugendliche leiden, die in solche Krisen rutschen, sind Kopfschmerzen, Bauchschmerzen, Übelkeit, Essstörungen, Angst, Nervosität, Gereiztheit, Aggressivität und Niedergeschlagenheit. Symptome, die auch mit Begleiterscheinungen der Pubertät verwechselt werden können. Darf es sein, dass Schüler*innen krank die Schule verlassen? Sollte die Schule nicht vielmehr ein Ort für Selbstentfaltung und gesunde Entwicklung sein?

Im Jahr 2022 organisierte die Bundesschülerkonferenz zusammen mit der Landesschülervertretung des Saarlandes eine Plenartagung zum Thema Gesundheit in der Schule. Dabei wurde deutlich, wie prekär die Situation in ganz Deutschland ist und wie wenig qualifizierte Unterstützung Schüler*innen erfahren. »Qualifiziert« ist hier das Stichwort und knüpft an das Ende des vorherigen Kapitels an. Viel zu oft hören wir – und ich kann das aus persönlicher Sicht bestätigen –, wie nicht ausgebildete Lehrkräfte oder Schulsozialarbeiter*innen versuchen, Schüler*innen in physisch schwierigen Situationen mit ihrem Halbwissen in bester Absicht zu helfen und dabei oft das Gegenteil bewirken. Noch schlimmer wird die Situation, wenn solche hoch sensiblen Aufgaben an andere Schüler*innen wie Schulsanitätsdienste weitergeben werden. Nicht nur, dass Schüler*innen so etwas nicht können, sie sollten sich darüber hinaus auch nicht mit diesen zusätzlichen Problemen ihrer Mitschüler*innen belasten müssen.

Die richtige Lösung wären mehr Schulpsycholog*innen. Auf der Tagung im Saarland konnten wir aus erster Hand erfahren, was ein/e Schulpsycholog*in alles leisten und wie positiv sich seine/ihre Anwesenheit auf die Gesundheit und das Zusammenleben der Schulgemeinschaft auswirken kann. Bevor ich jetzt höre: »Es gibt doch einen Schulpsychologischen Dienst« oder »Geh doch zur Therapie« – ja, aber: Der Schulpsychologische Dienst ist meist heillos überfordert, personell unterversorgt und daher kaum erreichbar. Und Therapie? Haben Sie schon einmal versucht, in einer akuten Lage einen Therapieplatz zu finden? Unmöglich. Wäre es nicht besser, wir hätten eine Situation, in der Faktoren oder erste Anzeichen für psychische Störungen frühzeitig und professionell erkannt werden, sodass Krankheiten gar nicht erst manifest werden? Ich finde ja, und das ist nur möglich, wenn das System Schule sich ändert, wenn das Thema seelische Erkrankung enttabuisiert und die Schulgemeinschaft dafür sensibilisiert wird und wenn tatsächlich auch ein Schulpsychologe oder eine Schulpsychologin an der Schule tätig ist – ein neutraler Ansprechpartner, der die Schüler*innen lange kennt, ihr Vertrauen genießt und Verständnis für ihre Problemlagen entwickelt hat.

Die Schulpsychologie muss außerdem stärker institutionalisiert werden. Viele neue Stellen sind nötig. Das ist das A und O jeder Verbesserung. Aktuell ist ein/e Schulpsycholog*in für 8.900 Schüler*innen und 720 Lehrkräfte zuständig, das ist der bundesweite Schnitt. Wir erinnern uns, dass fast ein Drittel aller rund 11 Millionen Schüler*innen einmal seelische Probleme hatte. Da überrascht es nicht, dass kein Raum für persönlichen Kontakt, Hilfe oder gar Prävention bleibt. Angesichts des Fachkräftemangels auch in der Schulpsychologie müsste der Beruf attraktiver werden, müssten die Vergütungen steigen, bürokratische Hürden sinken und Psychologiestudierende verstärkt auf die Wahl dieses Berufszweigs aufmerksam gemacht werden. Der Anspruch sollte sein, Schüler*innen zur bestmöglichen Nutzung ihres individuellen Potenzials zu verhelfen, ohne sie übermäßigem Stress und Leistungsdruck auszusetzen. Wenn wir es schaffen würden, Stressprävention und Stressmanagement schon früh in den Schulalltag zu integrieren, wäre das ein großer Schritt für die Schule.

Aber auch in die jetzt schon bestehenden Strukturen sollte das Thema mentale Gesundheit stärker verankert werden, zum Beispiel fachübergreifend in den Lehrplänen und als zentrales Modulangebot im Lehramtsstudium. Das könnte ein erster Schritt in die richtige Richtung sein und dazu beitragen, die Beteiligten für das Thema stärker zu sensibilisieren und Hürden, die auch durch die Coronafolgen entstanden sind, abzubauen.

DIVERSITÄT

Es ist mittlerweile allgemein bekannt, dass die Anpassung des Bildungssystems an die gegenwärtige gesellschaftliche Entwicklung eine langsame und herausfordernde Aufgabe ist. Im Zuge dessen haben Fragen zur Diversität und Gleichbehandlung aller Geschlechter und Lebensformen in der Gesellschaft erheblich an Bedeutung gewonnen. Das gilt natürlich auch für die Schule, obwohl Diversität das letzte ist, woran man beim Wort Schule denkt.

Wie könnte eine Schule mit gelebter Diversität aussehen?

Diese Frage betrifft hauptsächlich drei Bereiche: erstens, die Integration des Themas Diversität in den Lehrplan und die schulischen Materialien, zweitens, die Unterstützung durch geschultes Personal und Fachkräfte sowie drittens, bauliche Maßnahmen.

In der Pubertät setzen sich Jugendliche intensiv mit dem Thema Sexualität auseinander. Schule sollte daher nicht nur ein diskriminierungsfreier Raum sein, wo niemand aufgrund seiner geschlechtlichen Identität oder Sexualität ausgegrenzt wird oder unter Spannungen leidet, sondern sie sollte ihren Bildungsauftrag erfüllen, um einen Beitrag zur Schaffung einer diskriminierungsfreien Gesellschaft zu leisten. Wo sonst als in der Schule haben wir die Möglichkeit, den Grundstein dafür zu legen, dass Vielfalt als etwas Selbstverständliches akzeptiert wird? Wenn dies in der Schule schon nicht gelingt, wird es später noch schwieriger.

Es ist von grundlegender Bedeutung, Unterrichtsinhalte divers und zeitgemäß zu gestalten. Dies beginnt zum Beispiel mit dem Biologie- und Sexualkundeunterricht, wo das Thema Geschlechtsidentitäten zwingend behandelt werden muss. Bisher lag der Schwerpunkt auf der Vermittlung einer heterosexuellen Vorstellung von Partnerschaften zwischen Mann und Frau. Das Ziel sollte jedoch sein, Sexualität, Geschlechtsidentität und Diversität differenziert und wertungsfrei in den Unterricht zu integrieren, um ein breiteres Bild jenseits traditioneller Geschlechterrollen zu zeichnen und dabei insbesondere die psychologischen Aspekte zu behandeln. Aufklärung und Prävention müssen als Lernstoffe an die aktuellen Erkenntnisse angepasst werden. Den Schüler*innen sollten die Vorteile einer vielfältigen Gesellschaft nahegebracht werden und Diversität als wünschenswerter Normalzustand einer modernen Gesellschaft im 21. Jahrhundert gelten.

Wir müssen Diskriminierung abbauen. Dazu braucht es die Unterstützung anderer Fächer wie Geschichte, Politik, Ethik, Biologie und Sozialwissenschaften geben. Überall trifft man auf Fragen zu kulturellen und identitätsprägenden Unterschieden. Bei der Umsetzung könnten helfen: die gesetzliche Verankerung von Diversitätskonzepten und landesweite Antidiskriminierungsstrategien für Schulen, die

Expert*innen, Lehrkräfte und Organisationen zur Bekämpfung von Diskriminierung hinzuziehen. Ferner Sozialarbeiter*innen, Respekt-Coaches und Schulpsycholog*innen, die geschult sind, Jugendlichen individuell zu helfen, die aufgrund ihrer geschlechtlichen Identität oder Sexualität diskriminiert werden. Allzu oft greifen Lehrkräfte nicht ein, wenn es zu Diskriminierungen kommt.

Und was die baulichen Maßnahmen betrifft: Schulen sollten genderneutrale Toiletten anbieten oder die bestehenden Toiletten für alle Geschlechtsidentitäten öffnen. Dies gilt auch für genderneutrale Umkleidekabinen. Außerdem sollten kostenfreie Hygieneprodukte selbstverständlich sein.

All diese Forderungen sind keine Einzelmeinungen. Die Bundesschülerkonferenz hat ein Positionspapier verabschiedet, in dem es heißt: »Schulen müssen als Raum der Vielfalt, Toleranz und Akzeptanz dienen und den einen sicheren und diskriminierungsfreien Raum schaffen. Die Bundesschülerkonferenz fordert die Bundeszentrale für politische Bildung dazu auf, Bildung gegen strukturelle Diskriminierung zu fördern. Dies geschieht im Rahmen von freiwilligen, kostenlosen Fortbildungen für Lehrkräfte und Workshops für Lernende. Diese Angebote sollen dazu dienen, die Teilnehmenden über strukturelle Diskriminierung in der Gesellschaft und der Schule aufzuklären und die Lehrkräfte dazu zu befähigen, diese ihren Lernenden durch fundierte Methoden zu vermitteln. Die Verwendung von genderneutraler Sprache in der Schule sollte für die Lernenden weder zu Vorteilen noch zu Nachteilen führen, es darf nicht zur Pflicht werden, sollte allerdings auch nicht verboten sein. Zwar wird die genderneutrale Sprache mit Doppelpunkt oder Sternchen nach wie vor vom Rat der deutschen Rechtschreibung als Rechtschreibfehler eingestuft, allerdings ist es ein Teil des Bildungsauftrags von Schulen, Offenheit der Lernenden zu fördern. Dies bedeutet, dass alle Menschen in der Schulgemeinschaft willkommen sind und sich wertgeschätzt fühlen sollten. Die Verwendung von genderneutraler Sprache trägt dazu bei, diese Inklusion zu unterstützen und sollte daher von Anfang an im Unterricht als gleichgestellte Alternative und Möglichkeit zur Förderung der Inklusion dargestellt werden. Deswegen sollte der Rat der Deutschen Rechtschreibung Gendern als korrekt ansehen.«

RELIGIONSUNTERRICHT

Religionsunterricht ist ein kontroverses Thema, insbesondere im Saarland, dem katholischsten Bundesland Deutschlands. Sogar Bayern könnte da manchmal neidisch werden.

In Deutschland ist Religionsfreiheit ein Grundrecht, das auch für Kinder gilt und in Artikel 14 der UN-Kinderrechtskonvention weiter vertieft wird. Dort heißt es: »Jedes Kind hat das Recht, seine Gedanken und Ansichten frei zu äußern und seine Religion frei auszuüben. Jedes Kind hat das Recht, selbst darüber zu entscheiden, ob es einer Religion angehören möchte und welcher Religion es angehören möchte. Nur wenn das Kind durch seine Wahl andere Menschen einschränkt oder verletzt, darf das Land eingreifen. Es ist Aufgabe der Eltern, ihr Kind in all dem zu unterstützen und seine Meinung zu berücksichtigen.« Zudem bringt die Globalisierung nicht nur einen Bedarf an Verbesserungen in Digitalisierung und Sprachkompetenz mit sich, sondern erfordert auch soziale Flexibilität und Weltoffenheit. Nicht zuletzt durch die Migration der letzten Jahrzehnte verändert sich die Vielfalt und Mischung der Konfessionen weltweit stetig. Dies muss im Bildungssystem berücksichtigt und angepasst werden.

Doch wie sieht das praktisch in unseren Schulen aus? Gerade im Saarland beginnt das Problem bereits in der Grundschule. An vielen Orten wird kein Ethikunterricht angeboten. Dies hat zur Folge, dass Eltern gezwungen sind, ihr Kind einer Religion zuzuordnen, wenn sie es nicht für eine Unterrichtsstunde von der Schule abholen oder Mandalas im Lehrerzimmer ausmalen lassen wollen. Kinder im Grundschulalter können nur schwer eine differenzierte Meinung entwickeln. Es wird über ihre Köpfe hinweg entschieden, welcher Religion sie für den Rest ihrer Schulzeit oder ihres Lebens angehören sollen. Das hat wenig mit freier Entscheidung und Religionsfreiheit zu tun. Dieses Modell wird in der weiterführenden Schule fortgesetzt. Dort gibt es zwar Ethik als alternatives Fach, und die Schüler*innen sind in einem Alter, in dem sie bereits selbst über ihre Religion entscheiden können. Doch auf welcher Grundlage sollen sie das tun, wenn sie zuvor und auch in der weiterführenden Schule nicht umfassend und differenziert über die verschiedenen Religionen aufgeklärt werden?

Ein moderner und zeitgemäßer Religionsunterricht sollte ein allgemeines Weltverständnis, historische Kontexte der verschiedenen Religionen und die Auseinandersetzung mit allen Weltreligionen bieten. Trotzdem sollte die Schule in Zeiten einer immer stärkeren Spaltung unserer Gesellschaft dazu beitragen, Religionen zusammenzuführen und den gemeinsamen Austausch zu stärken. Vor diesem Hintergrund erscheint der nach Konfessionen getrennte Religionsunterricht überholt. An seine Stelle sollte ein gemeinsamer Religionsunterricht treten und Ethik/

Philosophie als Alternative weiterhin existieren. Ziel ist es, gemeinsam mehr über die Religionen zu lernen, den Austausch und das Verständnis füreinander zu fördern und gleichzeitig den Schüler*innen eine Grundlage zu bieten, im Laufe der Zeit selbst einer Religion beizutreten.

Dass dies funktionieren kann, zeigt Hamburg. Die Stadt hat ihr Konzept umgestellt. Auf der Webseite der Behörde für Schule und Berufsbildung heißt es: »Zukünftig wird der Religionsunterricht in Hamburg gleichberechtigt von mehreren Hamburger Religionsgemeinschaften verantwortet und von Religionslehrkräften unterschiedlichen Bekenntnisses unterrichtet. Senator Rabe hebt hervor: ›Das gemeinsame Lernen der Kinder ist eine wunderbare Idee für unsere religiös und kulturell vielfältige Stadt. Es wird kein völlig anderer Religionsunterricht sein, aber ein besserer, der die verschiedenen Religionen und Weltanschauungen gleichberechtigt berücksichtigt.‹« Dies hat auch konkrete Folgen: Nicht mehr nur evangelische und katholische, sondern auch jüdische, muslimische, alevitische oder andere Lehrkräfte können in Hamburg nun den Religionsunterricht abhalten. Während es in einigen Bundesländern bis zu 13 verschiedene Religionsunterrichte gibt, ist es den meisten Schüler*innen, die nicht katholisch oder evangelisch sind, meist nur möglich, sich in den Ethikunterricht einzuordnen. Ein gemeinsamer Religionsunterricht würde hingegen keine der Glaubensgemeinschaften mehr benachteiligen. Der einheitliche Unterricht sollte sich daher vor allem auf die gemeinsamen Werte der verschiedenen Religionen konzentrieren und als Raum für

Austausch und Diskussionen angesehen werden. Religionsunterricht sollte Schüler*innen nicht an eine bestimmte
Religion heranführen, sondern sie befähigen, selbst zu entscheiden, woran sie glauben möchten.

GEWALT UND EXTREMISMUS

Mobbing und Gewalt spielen im Schulalltag vieler Kinder erschreckenderweise eine große Rolle. Unabhängig davon, ob sich die besagte Gewalt auf psychischer oder physischer Ebene abspielt: Sie hinterlässt Spuren. Laut einer PISA-Studie der OECD sind 17 Prozent der Schüler*innen mit 15 Jahren schon einmal selbst gemobbt worden. Die Bertelsmann-Stiftung erhob 2019, dass 60 Prozent der Kind und Jugendlichen in der Schule körperliche Gewalt, Hänseleien, Abwertungen und Ausgrenzungen ausgesetzt waren und dass sich ein Viertel der Schüler*innen an ihrer Schule nicht mehr sicher fühlt. Kinder und Eltern leiden unter den Auswirkungen. Wenn Schüler*innen erst einmal Angst davor haben, in die Schule zu gehen, rückt der Traum von einer glücklichen, unbeschwerten Schulzeit in weite, manchmal unerreichbare Ferne.

Aber auch die Lehrkräfte selbst sind davon betroffen: Forsa fand 2020 heraus, dass an 61 Prozent der Schulen Lehrer*innen in den vergangenen fünf Jahren direkt beschimpft, beleidigt, gemobbt, bedroht oder belästigt wurden.

Schon in der Grundschule kommt sprachlichen Umgangsweisen, aber auch dem Phänomen der Ausgrenzung, besondere Bedeutung zu. Die wesentlichen Ergebnisse empirischer Gewaltstudien für Deutschland zeigen zusammengefasst folgendes Bild:

Die häufigste Form der Gewalt an Schulen ist verbale Gewalt. Schulische Gewalt ist überwiegend geprägt durch leichte Formen physischer und verbaler Aggression. Mit Ausnahme der verbalen Gewalt ist sie eine deutliche Domäne männlicher Schüler. Mädchen zeigen weniger aggressives Verhalten und werden seltener Opfer von Gewalt. Aggressive Auseinandersetzungen sind in der Altersgruppe der 13- bis 16-Jährigen am häufigsten.

Diese Altersverteilung zeigt, dass Gewalt in der Schule verstärkt in der Pubertät auftritt. Sie nimmt tendenziell mit steigendem Bildungsniveau ab. Hauptschulen weisen besonders bei physischer Gewalt deutlich höhere Werte auf als Gymnasien. Häufige Gewaltanwendung geht meist von einem kleinen, aktiven Kern aus.

Je gravierender die Vorfälle werden, desto größer wird auch der Anteil zunächst gewaltpassiver Schüler. Täter- und Opferstatus hängen relativ eng miteinander zusammen. Schüler*innen, die überproportional häufig den Aggressionen ihrer Mitschüler*innen ausgesetzt sind, üben auch überproportional oft selbst Gewalt aus. Umgekehrt sind Täter*innen selbst mehrheitlich zugleich Opfer von Gewalt. Dagegen lässt sich der Stereotyp vom generell aggressiveren und delinquierenden ausländischen Jugendlichen nicht bestätigen.

Über die Hälfte der Verletzungen während der Schulzeit tritt in den Pausen auf. Immer größere Beachtung für die Einschätzung der schulinternen Gewaltlage findet auch das Phänomen des »Bullying« oder Mobbing. Die Gruppe der »Bullies«, also der Jugendlichen, die Mitschüler*innen auf unterschiedliche Weise und mit verschiedenen Formen von Druck attackieren und quälen, ohne selbst in besonderem Maße Opfer zu werden, kann auf etwa 5 Prozent beziffert werden.

Für das Zusammenleben und das schulische Geschehen sind jedoch nicht so sehr die genauen Zahlen, wie oft Gewalt vorkommt, maßgeblich (das auch), sondern vor allem die Wahrnehmung der Umgebung. Das Klima, das erzeugt und von Schüler*innen sowie Lehrer*innen oft als bedrückend empfunden wird, spielt eine große Rolle für den Schulalltag. Hier ist festzustellen, dass viele Schüler*innen und Lehrkräfte nicht so sehr Angst vor körperlichen Übergriffen haben, sondern vielmehr vor Beleidigungen, Beschimpfungen und anderen Herabwürdigungen. Und gerade diese Angst beeinflusst das Lernklima negativ.

Die Antworten auf die Frage, warum es vermehrt zu Gewalt an Schulen kommt und warum es so schwer ist, ihr Einhalt zu gebieten, sind vielschichtig und verteilen sich auf viele verschiedene Faktoren. Eine große Rolle spielen hier strukturelle Probleme wie die pädagogische Qualität der Lehr- und Erziehungsumwelt, eine schwindende Erziehungskompetenz der Lehrkräfte. Die Vermittlung von reinem Wissen steht oft im Vordergrund, eine werteorientierte Bildung wird eher vernachlässigt. Dadurch entsteht ein schlechtes Lehrer-Schüler-Verhältnis, in dessen Folge Lehrkräfte dem Phänomen »Gewalt zwischen Schüler*innen« oft nicht mehr gewachsen sind. Die personalen Ursachen von Gewalt wiegen nicht weniger schwer. Soziale und sprachliche Kompetenz sowie das Fehlen einer kommunikativen Streitkultur sind wichtige Punkte. Für Täter*innen und Opfer ist die soziale Dimension des Schulalltags grundsätzlich immer belastender als für sozial kompetente Schüler*innen.

Aber für die Schulen ist es kaum möglich, die familiären Probleme, die zu Gewalt führen, auszugleichen wie Gewalt- und Missbrauchserfahrungen im Elternhaus, selbst erlebt oder beobachtet, Arbeitslosigkeit eines Elternteils, berufliche Misserfolge der Eltern, emotionale Kälte oder ein gewalttätiger Erziehungsstil in der Herkunftsfamilie. Auch der Konsum von Medien, wo »Draufhauen« oft als probates Mittel zur Lösung von Konflikten gezeigt wird, spielt eine Rolle.

Um Gewalt vorzubeugen, muss mehr über sie gesprochen werden, vor allem in den Schulen selbst.

Dass gerade in jungen Lebensjahren die Themen sexualisierte Gewalt sowie »sexueller Konsens« wichtig sind, liegt nahe. Schüler*innen müssen auch in der Schule hören, dass Sex immer eine einvernehmliche Sache ist, dass er für alle OK ist, solange alle Beteiligten dem, was passiert, zustimmen, es gern machen und jederzeit aufhören können, wenn sie etwas nicht mehr wollen. »Nein heißt nein« ist kein banaler Satz, wir müssen oft lernen, was er bedeutet, vor allem dann, wenn die Umwelt ihn nicht vorlebt. Der positive Einfluss, den sexuelle Aufklärung im Unterricht für junge Menschen haben kann, darf deshalb nicht unterschätzt werden und sollte auch außerhalb der eigentlichen Schulzeit durch Workshops und besondere psychologisch begleitete Projekte unterstützt werden. Dazu gehören natürlich auch »Safe Spaces« für Schüler*innen sowie Personen, mit denen Betroffene in einer schwierigen, peinlichen Situation oder nach einer Gewalterfahrung reden können und wollen: Vertrauenslehre*innen, schulpsychologische Fachkräfte und Sozialarbeiter*innen vor Ort und im digitalen Rahmen. Ach ja, da war noch was: Solche Stellen müssen meistens noch geschaffen werden und kosten Geld, das nicht da ist.

Jüngste Vorfälle verdeutlichen, dass auch das Thema Extremismus im schulischen Rahmen viel zu sehr vernachlässigt wurde. Auf dem Weg zum Erwachsensein suchen Jugendliche nach sozialer Anerkennung und Zugehörigkeit. In dieser sensiblen Phase der Identitätsfindung können extremistische Gruppen leicht eine starke Anziehungskraft auf die jungen Erwachsenen ausüben.

Spätestens seit der Studie »Jugend in Brandenburg« von 2017 ist bekannt, dass ein wachsender Anteil von Schüler*innen offen für rechtsextremistische und menschenfeindliche Äußerungen ist. In der Vergangenheit zählte das Bildungsministerium jährlich zwischen 24 und 53 Meldungen zu extremistischen Vorfällen an Schulen. Auch wenn Brandenburg aktuell im Fokus steht, kommen rechtsextreme Vorfälle im ganzen Bundesgebiet vor. Die *taz* schrieb am 9. Mai 2023: »Thüringen etwa zählte seit Jahresbeginn an Schulen etwa 33 Fälle von ›Volksverhetzung‹ oder ›Verwendung von Kennzeichen verfassungswidriger Organisationen‹. In Mecklenburg-Vorpommern sind es im laufenden Schuljahr insgesamt 30 Fälle mit ›extremistischem Hintergrund‹ oder nicht erlaubten Kennzeichen oder nicht erlaubter Propaganda. In Sachsen meldeten Schulen in den ersten drei Monaten dieses Jahres 17 Vorkommnisse mit ›rechtsextremem Hintergrund‹, Niedersachsen spricht von ›rechtsextremistischen Einzelfällen‹ an Schulen.«

Wie weit Gruppenbezogene Menschenfeindlichkeit verbreitet ist, zeigt unter anderem der Sachsen-Monitor, der regelmäßig im Auftrag der Dresdener Staatskanzlei erhoben wird. Zuletzt gaben darin 40 Prozent der Befragten an, dass die Bundesrepublik »durch die vielen Ausländer gefährlich überfremdet« sei. Mehr als jeder Fünfte stimmte der Aussage zu, dass Juden heute Vorteile daraus ziehen wollten, dass sie im Zweiten Weltkrieg die Opfer gewesen seien. Als 2016 der erste Sachsen-Monitor erhoben wurde, waren die menschenfeindlichen Einstellungen zum Teil sogar noch höher. Und 2023 haben in Hessen und Bayern vor allem junge Menschen bis 25 Jahren die AfD gewählt, die dort jeweils zur zweitstärksten Kraft im Parlament aufgestiegen ist.

Die rechtsextremen Vorkommnisse an Schulen decken die ganze Bandbreite ab: Hakenkreuzschmierereien, Naziparolen, Einschüchterungsversuche Andersdenkender. Die Dunkelziffer ist vermutlich hoch. Auch Lehrkräfte verstärken Stereotype oder die Ausgrenzung einzelner Schüler*innen, etwa, indem sie Kinder mit Migrationsgeschichte bitten, etwas über ihre vermeintliche »Heimat« zu erzählen. Das kommt tatsächlich immer noch vor. Gut gemeint vielleicht, aber schlecht gemacht.

Rechtsextremismus ist kein einheitliches, ideologisch geschlossenes Phänomen, sondern umfasst eine Vielzahl unterschiedlicher Strömungen, ideologischer Ausrichtungen und Organisationsformen. Nur eines ist klar: Er ist keine Randerscheinung mehr, auch nicht in Schulen. Von der Öffentlichkeit weitgehend unbeachtet sind Strukturen entstanden, die die freiheitlich-demokratische Grundordnung massiv gefährden. Der Rechtsextremismus beginnt langsam, die Alltagskultur zu durchdringen.

Andere extremistische Formen dürfen nicht unterschlagen oder unterschätzt werden. Die Reihe ist lang: Rassismus, Fremdenfeindlichkeit, Rechtspopulismus, Salafismus, »Stammtischparolen«, Abwertung von Minderheiten, Linksextremismus, Islamfeindlichkeit, aber auch religiös begründeter Extremismus. Genau wie beim Rechtsextremismus muss Schule versuchen, hier so früh wie möglich dagegen vorzugehen. Die Frage ist nur wie? Die Bundesländer verweisen auf Notfallpläne und eine Vielzahl an Maßnahmen: Lehrerfortbildungen, mobile Beratung und Workshops an Schulen, die Behandlung entsprechender Themen im Unterricht. Bayern hebt unter anderem den Stellenwert der Erinnerungsarbeit inklusive verpflichtendem KZ-Gedenkstättenbesuch an Gymnasien und Realschulen hervor. Die sächsische Landesregierung verstärkte die politische Bildung an Schulen und kooperierte enger mit außerschulischen Initiativen wie »Schule ohne Rassismus«. Es braucht Prävention und anlassbezogene Intervention, Beratung von betroffenen Schüler*innen, Eltern und Lehrkräften, Angebote für Schulen in den Bereichen interkulturelle Pädagogik, Konfliktbewältigung, Gewaltprävention, Vermittlung von Aussteiger-Gesprächen sowie eine stärkere Zusammenarbeit mit staatlichen und nichtstaatlichen Netzwerkpartnern. Na klar! Doch die Anstrengungen sind insgesamt immer noch viel zu gering. Präventionsmaßnahmen, die Schulen im Rahmen ihrer gesamtgesellschaftlichen Verantwortung bereitstellen sollten, sind oft solche von viel grundsätzlicherer Art: ein positives Schulklima, Respekt und die gegenseitige politische, ethnische sowie religiöse Toleranz und Wertschätzung untereinander. Wo das gegeben ist, kann Extremismus nicht so leicht gedeihen.

Schluss

So, das war jetzt, denke ich, ganz schön viel Input.

Was würde es jetzt bedeuten, wenn all das, was ich an Ideen vorgestellt habe, Realität werden würde? Wirklich prophezeien kann das niemand, aber ich glaube fest daran (das zeigen ja auch Vergleiche aus anderen Ländern): Wenn man dies umsetzt und Schule schüler*innennäher gestaltet wird, dann wird nicht nur einen Ort erschafft, an dem Schüler*innen gerne lernen, gute Leistungen erbringen, über sich hinaus wachsen können und sich engagieren, sondern wo sie Menschen werden, die gut auf die Zukunft vorbereitet sind und ihr volles Potenzial entfalten können.

Eine Frage, die mir viele Leute stellen ist, ob das Ganze eigentlich realistisch und überhaupt umsetzbar ist in Deutschland. Tatsächlich ja! Ich habe immer darauf geschaut, dass all diese Forderungen finanziell umsetzbar sind, in anderen Bundesländern vielleicht sogar schon existieren oder zumindest im Bereich des Möglichen sind. Wenn man es denn nur wollte! Hätte ich mit der rosaroten Brille geschrieben, mein Gott, dann hätten sie jetzt einen ganzen Roman. Denken Sie daran, Bildung ist die wichtigste Ressource, die wir haben, denn die Schüler*innen von heute sind die Zukunft unseres Landes von morgen.

Aber was machen mit den ganzen Informationen? Das kommt ganz darauf an, wer Sie sind.

Sind sie Schüler*in, dann wird wahrscheinlich fast alles, was hier steht, für Sie nicht überraschend sein. Trotzdem ist es, glaube ich, wichtig, all die Probleme, die wir in unserem deutschen Bildungssystem haben, einmal gesammelt aufzuschreiben und – viel wichtiger – sich nicht nur zu beschweren, sondern Lösungsansätze mitzuliefern. Was Sie jetzt machen können, ist vor allem eines: Engagieren Sie sich! Wir Schüler*innen haben in Deutschland eine viel zu kleine Lobby. Unsere Probleme werden nicht gehört oder nicht ernst genommen. Machen Sie sich also stark für sich und ihre Mitmenschen. Wenn Sie Veränderungen wollen, dann engagieren Sie sich in Ihrer SV und darüber hinaus!

Sind sie ein Elternteil, dann hören Sie Ihren Kindern zu. Unterstützen Sie sie in Gremien wie der Schülerkonferenz. Arbeiten Sie Hand in Hand für eine Bildung, die Ihren Kindern gerecht wird. Engagieren auch Sie sich in Elternvertretungen auf Schul-, Landes oder Bundesebene und fördern Sie mit Ihrem Schulförderverein die Projekte der Schülervertretungen vor Ort an Ihrer Schule.

Sind Sie Lehrkraft, dann ist es manchmal gar nicht so einfach, gegen seinen Dienstherrn aufzustehen und für eine Veränderung im Bildungssystem zu kämpfen. Doch ich kann Ihnen sagen: Sie sind nicht allein. Gemeinsam sind Sie stark. Gehen Sie in Lehrergewerkschaften und Vertretungen und kämpfen sie dort für Ihre Anliegen.

Und sind Sie Politiker*in, dann haben Sie jetzt eine prima Vorlage für eine kleine Revolution im Bildungssystem. Nutzen Sie diese für eine längst überfällige Novellierung unserer Bildung. Auch wenn die Schüler*innen jetzt noch nicht ihre Wählerschaft sind – sie werden es früher oder später sein. Gehen Sie auf diese zu, nehmen Sie diese ernst, kämpfen Sie für ihre Rechte und mehr Mitbestimmung. Sie haben die Macht und damit auch die Verpflichtung, denen zuzuhören, die es direkt betrifft: die meist Überhörten und doch gleichzeitig die größte Gruppe in der Schule und damit die, die am meisten unter realitätsferner Bildungspolitik leiden – die Schüler*innen.

Lassen Sie uns gemeinsam besser als die skandinavischen Länder werden. Gemeinsam vereint für die Bildung!